Les anges
d'Angela

Les anges d'Angela

Angela McGhee
DÉTECTIVE MÉDIUMNIQUE

Traduit de l'anglais par
Christian Hallé

Syntonisez Radio Hay House à hayhouseradio.com

Éditeur : François Doucet
Traduction : Christian Hallé
Révision linguistique : L. Lespinay
Correction d'épreuves : Nancy Coulombe, Carine Paradis
Montage de la couverture : Tho Quan
Photo de la couverture : © Alamy
Mise en pages : Sébastien Michaud
ISBN papier 978-2-89667-318-6
ISBN numérique 978-2-89683-100-5
Première impression : 2011
Dépôt légal : 2011
Bibliothèque et Archives nationales du Québec
Bibliothèque Nationale du Canada

Éditions AdA Inc.
1385, boul. Lionel-Boulet
Varennes, Québec, Canada, J3X 1P7
Téléphone : 450-929-0296
Télécopieur : 450-929-0220
www.ada-inc.com
info@ada-inc.com

Diffusion
Canada :   Éditions AdA Inc.
France :   D.G. Diffusion
                Z.I. des Bogues
                31750 Escalquens — France
                Téléphone : 05.61.00.09.99
Suisse :   Transat — 23.42.77.40
Belgique :   D.G. Diffusion — 05.61.00.09.99

Imprimé au Canada

Participation de la SODEC.   SODEC
Nous reconnaissons l'aide financière du gouvernement du Canada par l'entremise du Programme d'aide au développement de l'industrie de l'édition (PADIÉ) pour nos activités d'édition.
Gouvernement du Québec — Programme de crédit d'impôt pour l'édition de livres — Gestion SODEC.

Table des matières

Préface

Au milieu d'une salle de théâtre bondée, où l'on présentait un spectacle auquel je n'étais pas censé assister, Angela McGhee m'a offert une séance de 15 minutes avec le grand-père que j'avais perdu à l'âge de sept ans. Grand-papa était tout pour moi, mais un choc postopératoire devait l'emporter subitement un jour où j'étais en classe.

Debout devant moi, elle m'a demandé : «Où est Julie ?», puis elle a décrit minutieusement le cardigan tricoté à la main de grand-papa, avec ses boutons en cuir, son écharpe en soie à motifs Paisley dans ses moindres détails, et même l'angle de son chapeau, son humour au goût parfois douteux et sa passion des pigeons.

Contrairement à tant d'autres médiums que j'ai vus à l'œuvre, Angela donne des noms pertinents et répond à vos questions quand elle parle aux gens que vous avez perdus. Et il s'agit de choses spécifiques, pas seulement de phrases lancées au hasard. Mon grand-père voulait savoir ce que j'avais fait de mes cheveux bouclés. Debout sur la scène, Angela lui a raconté que j'avais laissé pousser mes frisettes brunes jusqu'en bas des fesses après son départ. Et elle avait raison, même si personne ne pouvait le deviner en voyant mes courts cheveux hérissés et les mèches que je défrise aujourd'hui tous les jours !

Il voulait me dire que les bijoux que j'avais en ma possession, et qui lui avaient appartenu, étaient de bonne qualité et non des copies bon marché comme l'avait laissé entendre l'un de mes parents, à mon grand déplaisir. Mais je ne me rappelle pas qu'Angela ait été présente au moment où ces commentaires déplaisants ont été émis. Elle n'était pas non plus avec moi quand j'ai montré à mes enfants la côte près de la maison de grand-père où j'ai appris à marcher en tenant ses immenses mains de forgeron. Mais elle savait que j'y étais allé et ce que j'avais dit à mes enfants, et qu'il avait ri avec nous en voyant que quelqu'un avait démoli son pigeonnier dans la cour arrière pour construire une entrée de garage.

Tout à coup, vous vous sentez envahi par ce sentiment d'amour et de lumière qui vous promet de vous accompagner tout au long du chemin que vous devrez parcourir sans eux. C'est un peu comme enfiler votre chandail préféré et goûter un pur nectar, cadeau des gens qui vous manquent le plus.

On devrait pouvoir offrir Angela McGhee sur ordonnance à tous ceux qui ont besoin de ce sentiment d'avoir tourné la page qui ne peut venir que du monde de l'Esprit ! C'est une expérience inestimable : un événement stupéfiant qui change votre vie et votre façon de voir tout ce qui vous entoure.

Quand mon heure sera venue en ce monde et qu'ils viendront pour m'amener dans l'Au-delà, je sais que je pourrai à nouveau prendre le thé et manger des petits fours avec l'homme qui s'est embarqué sans moi pour le grand voyage, alors que je n'avais que sept ans.

Depuis que je connais Angela et que je travaille avec elle dans le cadre de mon travail de journaliste à la BBC, j'ai assisté à de nombreux événements (heureux et malheureux) sur la scène du monde qui ont mis en lumière sa détermination à aider et à guérir les gens par le biais du monde de l'Esprit. Un livre ne suffit pas — c'est une série documentaire que l'on devrait écrire sur son travail.

Jules McCarthy

Introduction

Je vous souhaite la bienvenue dans mon monde, le monde à nul autre pareil de l'Esprit.

J'ai reçu à la naissance un don pour la communication qui me permet, d'une part, de communiquer avec ceux qui se trouvent aujourd'hui dans «l'Au-delà», dans le monde de l'Esprit. Je suis ce que certaines personnes appellent un médium, bien que je sois en fait une *médium spirite*.

Ce premier livre, écrit en mes propres mots, est un recueil d'histoires remarquables et véridiques tirées de ma vie personnelle et des événements extraordinaires qui l'ont marquée au cours des 40 dernières années. J'ai dû apprendre à mieux me connaître moi-même avant de pouvoir comprendre et partager avec vous ces expériences à la fois très «humaines» et spirituelles.

Ce livre raconte les difficultés que j'ai dû surmonter pour assumer le don qui m'a été donné, car c'est uniquement en lien avec les conflits, les traumatismes et les tragédies de la vie que j'ai vraiment appris sa véritable raison et son but, et cela m'a finalement sauvé la vie. Cette expérience m'a insufflé, et m'insuffle encore, un sentiment de grande humilité.

J'ai depuis appris à partager mon don pour aider et guérir les autres, et j'ai rencontré ce faisant des gens merveilleux des deux côtés du « voile » — certains dont vous allez bientôt faire la connaissance.

Ce don m'a également permis d'aider la police à résoudre des dossiers de meurtre. Mon travail avec les forces de l'ordre a d'ailleurs fait l'objet d'une série télévisée intitulée *Psychic Investigators*.

J'ai depuis peu entrepris de toucher l'âme d'encore plus de gens sur la scène mondiale afin de leur apporter amour, espoir, réconfort et éclaircissements ; quelque chose qui m'a été prophétisé dès mon plus jeune âge. Ce don n'a jamais cessé de m'étonner moi-même, et il m'inspire, et m'inspirera toujours, un sentiment de respect mêlé d'admiration. C'est l'un des miracles de la vie.

Ces histoires mettent à nu de grands pans de mon âme, et je dois avouer que cela n'a pas été facile. Elles soulignent la façon dont je ressens et comprends la spiritualité, dans l'espoir que cela aidera et bénéficiera à ceux qui essaient de trouver un sens et un but à la vie, à la mort et à la vie dans l'Au-delà.

Ce livre est autobiographique. Vous verrez que certains incidents jouent un rôle charnière entre deux histoires, incidents au cours desquels j'ai dû faire preuve de respect et tenir compte des idées et des émotions des autres. Il faut donner du temps au processus de guérison avant que ces histoires puissent être racontées. Il semble que chaque jour de ma vie est la suite du chapitre précédent.

Comme tout le monde, je suis un être spirituel qui a des expériences humaines à raconter. Ce livre est le premier d'une série — si Dieu le veut!

Avec amour et lumière,

Angela

Naissance d'un enfant médium

Il semble que mon ange gardien a reçu sa première mission et s'est mis au travail pratiquement à la minute où j'ai vu le jour. Ma naissance a été difficile, d'après ce qu'on m'a dit. En fait, je suis morte durant l'accouchement. Pendant un certain temps, personne ne savait si j'allais vivre ou mourir. Pour mes premiers instants sur terre, mon esprit a flotté entre les deux mondes. Il s'agissait peut-être d'un signe annonçant ce qui allait suivre. Personnellement, je crois être une sorte de « canal ». Je suis la septième enfant de la famille. Mais je ne suis pas la septième enfant d'un septième enfant, comme on me le demande souvent !

Les événements qui ont entouré ma naissance étaient en fait clairement indiqués dans ma carte du ciel, qu'une astrologue professionnelle du troisième âge, nommée Trixie, a récemment dressée pour moi. J'ai fait sa connaissance lorsqu'elle est venue chez moi pour une séance privée, au cours de laquelle elle a reçu un merveilleux message de son défunt mari, un dénommé George. Les premiers mots que j'ai reçus de l'esprit de George lors de cette séance ont été : «Astrologie, astrologie, astrologie!» J'ai demandé à Trixie ce que cela voulait dire. Elle a pouffé de rire et répondu :

— Oui, ça ne m'étonne pas de lui, car j'ai étudié l'astrologie pendant 50 ans. C'était, et c'est encore, une véritable passion!

Après sa séance, elle était si satisfaite qu'elle m'a suppliée de lui donner la permission d'étudier ma carte du ciel :

— Je suis sûre que cela va s'avérer fascinant! Vous me le permettez? J'adorerais vraiment le faire.

Un peu à contrecœur, je lui ai donné les renseignements pertinents. Une semaine plus tard, le travail était complété. Nous nous sommes rencontrées, et au moment de me remettre ma carte du ciel, elle m'a parlé de la «crise» qui avait entouré ma naissance et de ce soi-disant don qui avait beaucoup attiré l'attention au fil des ans. Ce sont les deux premières choses qu'elle a mentionnées. Elle a poursuivi en disant :

— Ce don vous a aidée à surmonter les nombreuses crises que vous avez dû essuyer, car votre vie a été de véritables montagnes russes, c'est le moins qu'on puisse dire! (…) Vous êtes une survivante née.

— Je ne peux pas dire le contraire, ai-je répondu en poussant un profond soupir.

— Vous êtes un exemple typique de votre signe solaire, les Gémeaux. Ce sont les communicateurs du zodiaque.

J'étais impressionnée par ses découvertes, mais la carte du ciel était elle aussi très intéressante. J'y ai découvert de nombreuses exactitudes, comme la mise en relief de certaines années correspondant à des événements précis. Même si je trouvais cela plutôt surprenant, je n'ai jamais douté un seul instant que chaque seconde de notre vie se déroule selon un plan tracé par Dieu. Toutes nos expériences, bonnes et mauvaises, devaient se produire, chaque fois pour nous apprendre quelque chose. Ces expériences contribuent à la croissance et au développement de notre âme afin de nous mériter, un jour, une place dans le «royaume de l'Esprit». Tout se produit au moment opportun. Il y a toujours une raison divine à ce que nous vivons, puisque c'est Dieu qui a en main le plan de notre vie.

Les médiums sont des «canaux» à travers lesquels les gens peuvent recevoir des messages qui guérissent. Nous les réconfortons en leur transmettant les messages de leurs êtres chers dans le monde de l'Esprit, et en leur assurant que tout va bien pour eux. Il peut s'agir d'instructions, de conseils et d'assistance, mais ces messages visent essentiellement à confirmer l'existence d'une vie dans l'autre monde. Ils nous redonnent espoir en nous faisant comprendre qu'à la fin de notre voyage et après cette transition que nous appelons la «mort», nous sommes réunis avec nos êtres chers dans le royaume de l'Esprit.

Mon don est quelque chose que j'ai dû apprendre à accepter à mesure que les influences et les expériences de la vie ont tracé ma voie. J'ai vécu une sorte de métamorphose qui me permet aujourd'hui de faire le travail que je fais. Car je sais à présent que j'ai trouvé la véritable raison d'être de mon âme.

Le terme «médium» n'est qu'une étiquette que les gens m'ont imposée. Je me considère moi-même comme une personne qui a reçu un don qui lui permet de voir, d'entendre et de sentir l'Esprit et les gens dans le monde de l'Esprit. C'est un don de communication qui me vient de Dieu.

Il semble que même le nom qu'on m'a donné ait été inspiré, car le fait de choisir le nom d'un enfant est parfois plus significatif qu'on le pense. Quelqu'un dans la famille a sûrement été très inspiré pour m'appeler Angela, un nom qui signifie «messager». Un choix qui s'est avéré très pertinent.

Mon enfance a certainement été «hors norme». J'ai grandi à Liverpool dans une famille catholique de descendance irlandaise, et nous avons connu de nombreuses périodes agitées. Une croyance en Dieu, aux anges et aux saints, à laquelle se mêlait un sens de l'humour unique et chaleureux — un genre d'humour que seuls possèdent les habitants de Liverpool — faisaient partie intégrante de notre lutte quotidienne pour la survie. La religion et l'humour, et pas seulement durant les périodes sombres, étaient notre façon à nous de nous en sortir, et il en est encore ainsi aujourd'hui !

Durant mes années formatrices, entre l'âge de un à cinq ans, mes frères, mes sœurs et moi passions notre temps entre notre maison et différents pensionnats, en raison du comportement fantasque et violent de mon père (et de l'effet que celui-ci avait sur nous, et en particulier sur la santé de ma mère). Je me souviens encore d'un pensionnat en particulier, un endroit qui avait été baptisé, avec à propos, en l'honneur de l'archange Gabriel (le Messager) : le pensionnat St-Gabriel de Woolton, à Liverpool. C'est là que j'ai appris à me mettre à genoux et à prier bien avant la plupart des autres enfants. J'y ai également appris l'existence de mon premier ange.

C'est durant cette période que j'ai commencé à recevoir régulièrement en rêve la visite de deux religieuses. Au début, j'ai pensé qu'elles n'étaient que le reflet de ce qui m'entourait. Mais l'un de ces rêves s'est avéré tout particulièrement prophétique. J'ai rêvé que l'une des religieuses m'adressait la parole. Elle m'a transmis un message fort profond dont je n'ai compris le sens que plusieurs décennies plus tard. Elle m'a dit en rêve : « Tu grandiras et tu parleras de l'Esprit au monde entier. » Sur le coup, je n'ai pas compris ce qu'elle voulait dire, mais croyez-moi, ces paroles m'ont hantée pendant de nombreuses années.

Les religieuses ont continué à me rendre visite à l'occasion, et elles le font encore. Ces deux éminentes dames qui avaient pris le voile se sont présentées à moi depuis, et je sais aujourd'hui qu'il s'agit en fait de mes guides spirituels. Avec les souvenirs que j'ai gardés de ce pensionnat, leur présence est profondément gravée dans mon subconscient, pour toujours associée à cette période malheureuse de ma vie.

Ma mère étant seule pour élever sept enfants, vous pouvez deviner que nous avons connu des moments très difficiles. En raison de l'alcoolisme et du comportement violent de mon père, nous — ma mère, mes six frères et sœurs, et moi — avons été forcés de quitter notre cher

Liverpool pour déménager dans les Midlands, à une adresse qui devait demeurer confidentielle pour notre sécurité et notre protection. Nous nous sommes installés dans un petit village en banlieue de Birmingham. Ne connaissant personne, nous ne pouvions compter que sur nous-mêmes. Ce n'était déjà pas facile de vivre dans une communauté où nous étions la seule famille catholique du quartier. Le fait de former une famille monoparentale était perçu comme une tare, sans parler du fait d'avoir des parents catholiques divorcés. À cette époque, c'était inacceptable sur les plans religieux et social.

Je devais également composer avec la pression supplémentaire que m'occasionnait ce « don » parallèlement à mon monde agité. Je me sentais ostracisée ; peut-être en raison des circonstances, mais aussi des interruptions du monde de l'Esprit. À cause de cela, j'ai toujours eu l'impression d'être différente des autres. Comme tous les enfants, je voulais simplement m'intégrer, être comme tout le monde. Mais ce don créait une distance entre moi et les autres, et même avec les membres de ma propre famille, car je m'étais rendu compte très tôt que les gens ne parlaient pratiquement jamais de leurs expériences reliées au monde de l'Esprit. Bref, je me sentais comme une étrangère.

Enfant, j'étais tristement célèbre pour mes crises de colère, dont je ne comprenais pas entièrement la cause ! Je suppose qu'elles étaient provoquées par le sentiment de frustration que j'éprouvais face au caractère incompréhensible de ce qui m'arrivait. Un mélange d'événements quotidiens et d'interruptions du monde de l'Esprit contribuait sans doute au déclenchement de ces crises.

La petite Angela

À l'école primaire, j'étais perçue comme une enfant extrêmement sensible et imaginative qui parlait souvent de ses rêves et qui se faisait gronder à l'occasion parce qu'elle parlait trop ou parce qu'elle rêvassait. À cette époque, je considérais ce don comme un obstacle. Le professeur ne pouvait pas se douter qu'en me disant de cesser de rêvasser ou de me taire pour la énième fois, elle interrompait le plus souvent une «communication spirituelle». Or, j'avais beaucoup de plaisir à bavarder et à jouer avec mes petits amis esprits, les enfants du monde de l'Esprit. J'étais trop absorbée pour remarquer le professeur qui me demandait d'être attentive. Cela m'a valu de gros ennuis à l'occasion. J'ai bientôt appris à ignorer la présence de mes amis esprits à l'école, car lorsqu'il m'arrivait de leur adresser la parole, j'étais souvent punie à coup de règle!

J'ai toujours été très sensible. Je considère que la sensibilité est une qualité nécessaire pour être un bon «canalisateur», et les médiums sont d'ailleurs souvent décrits comme des gens «sensibles». J'étais si sensible que lorsque d'autres enfants se faisaient réprimander ou punir à l'école, je percevais leur peur et ressentais leur douleur, et je me mettais souvent à pleurer avec eux. C'était un cas d'authentique empathie. C'est le niveau de sensibilité dont nous avons besoin pour sentir la présence du monde de l'Esprit.

Certains considèrent sans doute la sensibilité comme une faiblesse, mais pour moi cela s'est avéré une force. Les esprits n'interrompaient pas uniquement mes moments de récréation. Je recevais aussi leur visite en rêve. Il en a toujours été ainsi, et c'est encore vrai aujourd'hui. Car je suis un «canal» et je ne sais jamais où et quand je vais recevoir quelque chose.

Je me rends compte aujourd'hui que je faisais souvent des rêves prophétiques durant mon enfance. S'il m'arrivait de faire un rêve tout particulièrement réaliste qui perturbait mon sommeil, je me réveillais le lendemain matin avec des souvenirs très précis de ce rêve et une forte envie d'en parler à quelqu'un. Peu importe ce que je disais aux gens, cela se produisait ensuite dans les jours suivants. Le rêve devenait bientôt réalité. Je transmettais avec plaisir, et sans poser de questions, ce que j'avais reçu aux personnes vers lesquelles je me sentais attirée, en leur expliquant ce que j'avais vu et entendu dans mes rêves. Peut-être était-ce en raison de mon jeune âge ou de ma naïveté, mais j'acceptais tout cela comme faisant partie de la réalité. Le fait d'avoir été élevée dans les mystères de Dieu me donnait un point de repère auquel relier mes propres expériences. Cela, et les dessins animés!

Il semble qu'à cette époque, je me retrouvais souvent dans mon propre petit monde. Le monde de l'Esprit. Je devais être une sorte d'éponge qui absorbait toutes les «énergies» qui l'entouraient. Je me revois en train de tirer sur la robe de ma mère, le visage écarlate, pour essayer de lui faire comprendre que j'avais vu M. Venables, un voisin, être amené en ambulance. Elle m'a répondu que c'était ridicule, qu'elle venait tout juste de lui parler. Mais comme de fait, le lendemain M. Venables est tombé raide mort et a été transporté en ambulance. Ma mère, sans dire un mot, m'a gentiment tapoté la tête. C'est la seule marque de reconnaissance de mon «don» que j'ai reçue durant mon enfance — une petite tape sur la tête de la part de ma mère! Elle me disait souvent que je ressemblais de plus en plus à ma grand-mère. Je ne comprenais pas vraiment le sens de cette remarque à l'époque, mais par la suite j'en ai appris davantage sur cette femme à laquelle elle faisait allusion : la mère de mon père, Kathleen Murphy.

Kathleen Murphy était une petite femme chaleureuse et élégante qu'on ne voyait jamais sans son rouge à lèvres et ses perles. Elle adorait danser et chanter chaque fois qu'elle en avait la chance, car durant sa jeunesse elle avait fait partie d'une troupe de danse qui faisait la tournée des music-halls et des théâtres. Elle était elle-même très théâtrale. Avec son tempérament sanguin et sa grande vivacité d'esprit, aucun homme n'osait s'y mesurer. Elle était pour nous une véritable planche de salut quand elle venait à notre secours et nous amenait, l'espace d'un week-end, loin de tout ce tumulte. Sa maison était notre forteresse, une ruche bourdonnante d'activité où résonnaient les appels quotidiens des visiteurs. Les gens remarquaient tout de suite qu'il y avait un air de famille entre elle et moi — certains disaient même que j'étais son portrait tout craché. Malheureusement, je ne l'ai côtoyée que peu de temps, car nous déménagions souvent, et finalement elle est morte. Mais c'était tout un personnage!

Ce n'est que plusieurs années plus tard que j'ai découvert qu'elle avait également un «don» qui l'avait rendue célèbre, d'où le flot continu de visiteurs qui venaient frapper à sa porte. Finalement, tout s'éclairait! Elle avait, elle aussi, un don qui lui permettait de voir, d'entendre et de sentir les personnes du monde de l'Esprit. Cela m'a beaucoup réconfortée de savoir que je n'étais pas la seule, Dieu merci!

Je ne me doutais pas, au moment du décès de ma grand-mère Murphy, qu'elle allait jouer, ainsi que d'autres personnes qui me sont chères, un rôle important dans ma vie au cours des années à venir, qu'elle me rendrait visite et me transmettrait de l'Au-delà de véritables perles de sagesse.

Je sais aujourd'hui que ces souvenirs d'enfance sont bien réels. Et en toute honnêteté, en y repensant, je peux dire que ces moments de récréation et ces rêves comptent parmi mes plus anciens souvenirs de rencontre avec le monde de l'Esprit.

J'ai un jour décidé de garder pour moi ces expériences spirituelles, et ce, pour une excellente raison. Je croyais en effet qu'il était dans mon intérêt d'ignorer ces rencontres avec le monde de l'Esprit qui se manifestaient en parallèle avec ma propre vie et interrompaient de façon intermittente mon développement. C'est pour cela, et en raison des difficultés rencontrées durant mon enfance, que ces expériences avec l'Esprit sont demeurées cachées. Je ne comprenais pas vraiment ce qui m'arrivait et je doutais fort que d'autres y comprendraient quelque chose. Après tout, je n'avais jamais demandé à recevoir ce « don ».

Les expériences et les leçons accumulées au cours de mes jeunes années ont jeté les fondations dont j'avais besoin pour me développer et sensibiliser mon âme afin de pouvoir progresser et faire le travail que je fais actuellement, au point d'être capable aujourd'hui d'aider à résoudre même des cas de meurtre. Les résultats obtenus lors de ces enquêtes n'ont jamais cessé de m'étonner et m'inspirent un profond sentiment d'humilité. D'un point de vue spirituel, tout cela m'a donné les outils nécessaires pour ce que je fais aujourd'hui.

Je n'ai jamais consciemment pris la décision de devenir un jour médium. C'était plutôt quelque chose que je devais apprendre à accepter. Les messages venaient trop rapidement, trop brusquement et trop souvent pour que je puisse les ignorer. Finalement, je n'ai pas eu le choix, car la vie me poussait dans cette direction. Il était inévitable que je finisse par m'en remettre au plan de Dieu. Et je n'ai jamais oublié ce vieux dicton : « L'homme planifie, Dieu rit. » Nous faisons tous partie d'un ensemble qui nous dépasse, prêt à se dévoiler durant le voyage de la vie. Nos premières expériences sont parfois liées à des événements qui surviendront au cours des années à venir, et je sais qu'il y a définitivement un lien entre certaines rencontres de mon enfance et des incidents qui se sont produits plus tard dans ma vie. Coïncidences récurrentes, phénomènes de synchronicité : une constance qui fait partie intégrante des petits miracles de Dieu — ma vie en est remplie. On pourrait trouver cela étrange, mais je sais qu'il n'en est rien. Je ne remets pas en question ces phénomènes «étranges», car ma vie a été jusqu'à présent extraordinaire, c'est le moins qu'on puisse dire! Je me considère comme une femme ordinaire qui a connu une vie extraordinaire. Qui possède un don «extra» ordinaire. Qui vit dans un monde mystérieux!

Visite de grand-mère

J'avais 10 ans quand je me suis rendu compte qu'il était en train de se produire quelque chose d'exceptionnel. C'était un soir de novembre ; on m'avait bordée dans mon lit et j'avais du mal à trouver le sommeil. J'avais l'estomac barbouillé et je me sentais fébrile. Je ne voyais pas pourquoi je me sentais ainsi, mais je savais que quelque chose allait se produire. Ma « psyché » ou quelque chose en moi m'en avertissait.

J'étais au lit depuis peu quand les phares d'une voiture qui venait de s'arrêter à l'extérieur ont illuminé ma chambre. On a frappé à la porte. Je me suis glissée hors du lit et j'ai rampé le long du palier en haut de l'escalier. Dans le miroir de l'entrée, je pouvais voir deux policiers en train de parler à ma mère. J'ai entendu l'un d'eux dire qu'ils avaient reçu au commissariat l'appel d'un parent à nous vivant à Liverpool, qui voulait nous transmettre un message. Le policier lui a dit qu'il était désolé d'avoir à lui annoncer que Kathleen Murphy était décédée plus tôt dans la soirée. J'ai entendu ma mère s'étrangler. J'ai décidé de retourner au lit le plus rapidement possible avant que ma mère ne remarque ma présence. Je savais qu'on me punirait pour avoir écouté en secret des choses qui n'étaient pas de mon âge.

Étendue dans mon lit, les paroles du policier ne cessaient de tourner dans ma tête. « Ma grand-mère est morte ! » ai-je pensé. « Ma grand-mère est morte ! » Je n'arrivais pas à croire ce que je venais d'entendre, puis j'ai essayé de me convaincre que je devais forcément avoir mal compris.

Malgré l'angoisse que suscitaient en moi ces pensées, j'ai fini par m'endormir. Puis, j'ai tout à coup ouvert les yeux, et là, au pied de mon lit, se trouvait ma grand-mère Kathleen Murphy.

Elle était entourée d'un halo de lumière floue. Je me suis frotté les yeux, puis j'ai regardé de nouveau. Elle me souriait. Elle ne me donnait pas du tout l'impression d'être morte ! Puis tout à coup, j'ai éprouvé un sentiment merveilleux, quelque chose comme un pur sentiment de paix et de tranquillité. Un sentiment d'euphorie. Ce sentiment m'avait envahie de la tête aux pieds et débarrassée de toutes les peurs et de toutes les émotions que j'avais refoulées. Cet esprit était différent des autres, et c'était l'esprit d'une personne que je connaissais et aimais. Elle est demeurée là à me sourire pendant ce qui m'a semblé un long moment. Je lui ai dit à voix basse : « Tu n'es pas morte ! Tu n'es pas morte ! »

Elle m'a regardée d'un air entendu et m'a dit : « Oui, tu as raison. Je ne suis pas morte. Je vais bien et tout est en règle, alors tu n'as pas à t'inquiéter pour moi ! Je dois partir à présent, mais je reviendrai te voir plus tard. »

Tandis que son image s'évanouissait, elle m'a fait au revoir de la main et s'est détournée, et sur ces mots elle a disparu, me laissant avec un sentiment de satisfaction au moment de me rendormir.

Le lendemain à mon réveil, ma mère m'a appris la nouvelle du décès de ma grand-mère. Cela ne m'a pas troublée le moins du monde. J'ai levé les yeux vers elle d'un air absent. Je me rappelais la visite de ma grand-mère durant la nuit précédente, et, habitée par ces pensées, j'ai tourné les talons en silence et je suis sortie jouer dehors, parfaitement satisfaite. J'ai pensé en parler à ma mère, mais je ne le pouvais pas, car je voulais garder pour moi cette expérience que je chérissais déjà. J'avais l'impression d'avoir découvert un filon d'or et je voulais le garder précieusement. J'étais la seule à savoir que ma grand-mère était d'une certaine façon encore vivante, et il n'y avait pas le moindre doute dans mon esprit qu'elle était maintenant au Ciel.

Adolescence

Mon adolescence s'est s'avérée pleine de surprises. À l'école, j'avais la réputation d'être un sacré numéro. Certains disaient que j'étais « bizarre » parce que je savais des choses intuitivement. Je disais des choses à propos de certaines personnes et je découvrais plus tard que j'avais vu juste. Le mot « médium » n'était jamais prononcé. Après avoir fait ce genre de déclarations, j'essayais souvent de les tourner en dérision, car je ne voulais pas être trop différente des autres. Aucun enfant ne le souhaite. J'ai également découvert que j'étais douée pour trouver certaines choses. Si j'étais à portée de voix de quelqu'un qui racontait avoir perdu un sac ou un effet personnel, une image de l'endroit où se trouvait cet objet apparaissait aussitôt dans mon esprit. Je pouvais alors lui dire exactement où il le trouverait.

Un professeur m'a un jour surprise en train d'expliquer à quelqu'un où se trouvait son sac. Le professeur savait fort bien que je n'étais pas allée à l'endroit que je lui indiquais. Quand ma camarade de classe est revenue en tenant son sac à bout de bras, le professeur interloqué a balayé tout cela du revers de la main en disant : «Oh, tu dois avoir une mémoire photographique!» L'étonnement se lisait néanmoins sur son visage! J'ai souri et accepté son explication. Comme je le disais, je ne me posais pas de questions. Cela faisait partie de ce que j'étais.

Comme toutes les adolescentes, j'étais trop occupée à découvrir ma propre personnalité pour me casser la tête avec mes «habiletés». Je devais gérer le fait d'être harcelée à l'école parce que j'étais trop maigre. Par conséquent, j'ai dû apprendre à rire de moi-même et à cacher mes véritables sentiments. L'humour s'est souvent avéré un excellent moyen de défense. Je me disais que si je parlais ouvertement de mes «expériences» étranges, on me ridiculiserait encore davantage.

L'un de mes sujets préférés à l'école était l'éducation religieuse. Étant catholique, c'était très important pour moi. J'aimais bien l'idée de pouvoir établir un lien entre mon «don» et certains récits bibliques que nous étudiions quotidiennement. Le récit du «don» accordé au septième enfant m'avait tout particulièrement marquée. Mais c'était les années 1970 — nous n'étions plus à l'époque de la Bible! Je suppose également que j'évitais de parler de mon «don» parce que ce n'était pas suffisamment «à la mode» pour être digne de mention!

L'événement majeur dans la vie de tout adolescent est bien entendu son premier béguin. Le mien, je ne l'oublierai jamais. C'était ma dernière année à l'école secondaire, juste avant mon seizième anniversaire, en 1974. La rumeur circulait au sein du club jeunesse de notre village qu'un nouveau garçon, qui venait tout juste de s'inscrire à notre école, était le frère d'une vedette très célèbre, membre du groupe rock Black Sabbath. Quand une amie m'a désigné le garçon en question, j'ai immédiatement compris de qui il était le frère. Il lui ressemblait comme deux gouttes d'eau : un beau garçon avec de longs cheveux qui flottaient dans le vent. Pas de doute possible, c'était le frère cadet d'Ozzy Osbourne !

Il ne m'a pas demandé toute de suite de sortir avec lui. Nous avons fait connaissance lors d'une soirée organisée par un ami commun. Il s'est dirigé tout droit vers moi et s'est présenté en me disant qu'il s'appelait Tony. Il m'a raconté qu'il avait déménagé avec sa famille et ses parents de la ville d'Aston, dans le comté de Birmingham, pour venir s'installer dans le petit village d'Aldridge où je vivais à l'époque. Il ne s'est pas vanté d'être le frère d'Ozzy. Tony était en fait très modeste et ne ressemblait en rien à son « terrible » frère. Il donnait plutôt l'impression d'être timide et réservé. Nous avons flirté durant une bonne partie de l'année, sans que j'espère le moins du monde fréquenter les membres de Black Sabbath ! Et il n'en a jamais été question !

Au début, je ne savais pas trop à quoi m'attendre. Tony était juste un gars de la classe ouvrière qui travaillait dans une usine. Je me rappelle la première fois où il m'a invitée à aller prendre le thé un dimanche chez ses parents. Je pensais voir en arrivant tous les signes caractéristiques d'une famille qui compte une vedette rock dans ses rangs. Je m'attendais presque à trouver des disques d'or accrochés aux murs et des guitares un peu partout, et d'autres souvenirs du même genre. Mais non, c'était une maison familiale bien ordinaire, avec une seule photographie du mariage de John (Ozzy) avec sa première épouse sur une étagère au-dessus du téléviseur, à côté d'autres photos de famille. À cette époque, Tony vivait avec sa maman, son papa et son autre frère. J'ai trouvé ses parents assez sympathiques. Je les appelais toujours M. et Mme Osbourne, comme il était de mise en ce temps-là. Son père était un personnage tout particulièrement chaleureux. Il avait un excellent sens de l'humour que j'admirais beaucoup. Je comprends aujourd'hui d'où vient celui d'Ozzy! Je n'ai jamais rencontré le célèbre frère de Tony et cela ne m'intéressait pas outre mesure, car Tony était au centre de mon univers à cette époque.

J'ai quitté l'école pour m'inscrire au collège. J'avais prévu depuis longtemps, bien avant l'arrivée de Tony dans ma vie, de compléter mes études, puis d'aller travailler et vivre à Londres. J'étais très attirée par les lumières éblouissantes de la capitale. Finalement, quand le temps est venu de choisir entre Londres et Tony, j'ai choisi Londres, car j'avais l'impression d'être trop jeune pour m'engager dans une relation sérieuse! Je voulais vivre de nouvelles expériences!

Nos chemins se sont séparés, mais Tony avait eu la chance de rencontrer une médium, et moi, le frère d'une vedette rock, et cela devait plus tard déboucher sur une surprise de taille. Ce n'est que 30 ans plus tard que je devais recevoir une «vision» totalement inattendue de M. et Mme Osbourne à l'approche d'un moment poignant dans la vie d'Ozzy.

C'est à l'époque où j'étudiais le tourisme au collège que j'ai rencontré une conférencière nommée Carole, originaire d'Afrique du Sud. Elle m'a expliqué qu'elle était une spiritiste. C'était la première fois que j'entendais parler d'une pareille chose. Je me rappelle avoir dit quelque chose du genre : « Oh, je crois au Ciel et à la vie après la mort », comparant cela à mes croyances catholiques. Rétrospectivement, je me rends compte qu'elle devait, elle aussi, posséder des dons médiumniques, car elle m'a confié quelque chose qui s'est avéré juste plusieurs années plus tard. Elle m'a dit que j'avais un don, qu'elle pouvait me voir sur une estrade et que je voyagerais partout dans le monde autour de la cinquantaine. Et que j'écrirais un livre. J'ai pouffé de rire sur le coup. Mais Carole n'était pas la première ni la dernière spirite qui devait croiser ma route et me livrer un message similaire.

Après l'université, j'ai commencé à travailler comme réceptionniste à l'hôtel Mandeville dans le quartier West End de Londres. L'hôtel appartenait à cette époque à l'un des plus importants groupes hôteliers de Grande-Bretagne, le Grand Metropolitan. J'habitais dans un logement propriété de la compagnie, avec deux autres réceptionnistes, Carole, qui venait de Birmingham, et Fiorella, une Italienne originaire de Dudley. Elle avait l'air d'une Italienne, mais parlait avec un gros accent du West Midlands, que je trouvais délicieusement amusant. Le rythme de vie des Londoniens était beaucoup plus rapide que celui dont j'avais l'habitude, mais j'aimais bien me retrouver au milieu des nombreuses cultures différentes de la grande région métropolitaine. J'ai toujours été fascinée par les gens et la vie en général. On aurait dit

que Londres et son mode de vie convenaient parfaitement
à ma personnalité et à mon niveau de « développement »
du moment.

Les ordres de grand-mère

À l'hôtel, on travaillait constamment sur des quarts de travail, si bien que la direction nous devait souvent des journées de congé pour compenser. La veille d'une journée de repos bien méritée, au cours de laquelle j'avais prévu visiter Londres, j'ai découvert que le monde de l'Esprit avait d'autres plans en tête me concernant! C'était l'une de ces nuits familières où je me sentais extrêmement agitée. J'avais du mal à m'endormir, et je me suis rendu compte que quelque chose allait bientôt se produire. Après avoir essayé d'organiser mes pensées, je me suis lassée de chercher à déterminer de quoi il s'agissait, puis une lumière aveuglante est tout à coup apparue, venue de nulle part. Cela ne ressemblait pas du tout à la lumière d'une ampoule électrique. C'était extrêmement intense et éclatant. Cette lumière, qui ne cessait de grossir de seconde en seconde, a finalement rempli toute ma chambre. Pendant les premières secondes, j'ai observé tout cela comme en état de choc, puis j'ai réalisé que j'étais vraiment effrayée : c'était la première fois que je voyais un tel phénomène. En fait, dire que j'étais effrayée est un euphémisme : je me suis cachée sous les couvertures tellement j'étais terrifiée! Sans compter que le fait de me retrouver si loin de chez moi ne faisait qu'empirer les choses et ajoutait beaucoup à ma frayeur.

Puis, j'ai éprouvé une sorte de soulagement. J'ai entendu une voix qui m'était familière. C'était la voix de ma défunte grand-mère, Kathleen Murphy. Elle m'a appelée par mon nom : «Angela, Angela.» Mais j'étais encore trop effrayée pour sortir la tête de sous les couvertures, sachant que la lumière aveuglante était toujours là. J'ai néanmoins écouté ce qu'elle avait à me dire : «Tu dois aller à Llandudno pour rendre visite à ton oncle Bob.» Elle a répété cette phrase plusieurs fois avec un certain sentiment d'urgence dans la voix. Puis ma grand-mère et la lumière éclatante sont disparues aussi rapidement qu'elles étaient venues. Mais on aurait dit que sa voix avait continué de résonner dans ma tête durant mon sommeil cette nuit-là.

Je n'ai pas songé un seul instant à remettre en question cette visite, puisqu'elle m'était déjà apparue auparavant. À ce moment-là, j'étais un peu plus âgée et beaucoup plus rationnelle dans ma façon de penser, mais une foule de questions tournoyaient dans ma tête. Je me suis surprise à me demander à haute voix : «Pourquoi est-ce que je dois aller voir oncle Bob?» La dernière fois que je l'avais vu, je n'étais qu'une petite enfant. «Et s'il ne vivait plus là-bas? C'est à plus de 300 kilomètres!» Toutes ces pensées tourbillonnaient dans mon esprit tandis que je demeurais étendue dans mon lit. Puis une idée s'est imposée à moi. Je savais que je devais y aller. Cela ne faisait plus aucun doute. Le lendemain matin, j'ai fait ma valise. J'allais sortir quand Carole, ma colocataire, est rentrée de son quart de travail de nuit.

— Où vas-tu avec cette valise ? m'a-t-elle demandé.

— Oh, je vais simplement passer quelques jours à Llandudno pour voir la parenté. On se revoit à mon retour, ai-je répondu à la hâte.

Je ne voulais pas m'expliquer davantage. J'étais incapable de me convaincre de lui en dire plus. Carole a paru très étonnée et m'a dit :

— Tu ne m'en as pourtant rien dit hier !

— C'est vrai ? Cela m'est probablement sorti de l'esprit, ai-je répondu en partant.

Le voyage s'est avéré péniblement long. On aurait dit que le train s'arrêtait à toutes les stations le long de la voie. Cela dit, je ne doutais pas un seul instant d'avoir pris la bonne décision. Après tout, je ne faisais que suivre les ordres de ma défunte grand-mère. Je suis arrivée à la station de Llandudno vers 19 h. C'était une soirée froide et sombre de janvier. Je suis montée dans un taxi qui m'a déposée au bout d'une terrasse à flanc de montagne. Je me rappelais vaguement à quoi ressemblait la maison d'oncle Bob, même si je ne lui avais pas rendu visite depuis plusieurs années. J'allais enfin connaître la suite des choses !

Lorsque j'ai frappé à la porte, une dame que je ne connaissais pas est venue m'ouvrir.

— Est-ce que Bob vit encore ici ? ai-je demandé.

— Oui, m'a-t-elle répondu, puis elle s'est retournée et a crié : Bob, c'est pour toi !

Je pouvais entendre un tourbillon d'activités provenant de la pièce du fond. Lorsqu'il est apparu sur le seuil, j'ai tout de suite reconnu mon oncle : ce même visage frais et souriant que j'avais gardé dans mes souvenirs pendant toutes ces années.

— Bonjour, Bob. Peut-être que vous ne me reconnaissez pas, mais je suis votre nièce, Angela. La fille de votre frère Sid.

— Oh, mon Dieu! s'est-il exclamé en me tendant les bras. Toi, ici, ce soir!

Il m'a expliqué qu'il célébrait son 25e anniversaire de mariage et que tous les membres de la famille de ma grand-mère étaient venus lui rendre visite. Ils s'apprêtaient à partir pour assister à une réception à l'hôtel Promenade, prévue pour 19 h 30. «J'arrive juste au bon moment», ai-je pensé! Mon oncle Bob m'a présentée à toute ma parenté dont j'avais depuis longtemps perdu la trace. Il considérait ma visite imprévue comme un véritable miracle! Il a ajouté que c'était la première réunion de famille depuis le décès de ma grand-mère et que c'était un peu comme si on m'avait envoyée pour prendre sa place!

Quand mon grand-père m'a aperçue, il a été saisi d'une grande émotion en voyant à quel point je ressemblais à Kathleen Murphy, ma grand-mère et le grand amour de sa vie.

— Pendant un instant, j'ai cru la revoir telle qu'elle était jeune femme! m'a-t-il confié les larmes aux yeux tandis qu'il me serrait dans ses bras.

— Ne t'inquiète pas, grand-papa : elle m'a envoyée à sa place, ai-je répondu en lui faisant un clin d'œil.

Ma visite inattendue a été ce soir-là au cœur de toutes les discussions. Plusieurs membres de la famille ont mentionné à quel point mon arrivée soudaine, comme un cheveu sur la soupe, leur paraissait étrange. Ils m'ont offert de m'asseoir à la place de ma grand-mère au bout de la table, où elle aurait normalement siégé en tant que matriarche de la famille. Je regrettais profondément de ne pas pouvoir leur dire ce qui s'était vraiment passé. J'aurais tant aimé leur dire — tout particulièrement à mon grand-père — que j'avais en fait été envoyée par ma grand-mère. Mais je ne me sentais pas assez à l'aise pour leur révéler cette information. Je n'avais que 17 ans.

La façon dont le monde de l'Esprit avait communiqué avec moi à cette occasion devait par la suite se répéter à plusieurs reprises. J'éprouve presque un sentiment de détachement quand je travaille avec des vibrations aussi élevées. J'ai appris à faire entièrement confiance à Dieu et au monde de l'Esprit afin qu'ils puissent se servir de moi comme d'un instrument et me guider pour réaliser leurs desseins.

La Beatlemania
de Madeleine

Madeleine était une jeune Américaine du New Jersey que j'avais rencontrée à l'époque très animée où je vivais à Maida Vale, à Londres, et m'efforçais d'acquérir mon indépendance. C'était un après-midi glacial de février, en 1976, je venais tout juste de rentrer du travail quand on a sonné à la porte. Quand j'ai ouvert, je me suis retrouvée devant une petite femme avec de longs cheveux hirsutes, qui cherchait un endroit où demeurer. Je lui ai expliqué que l'appartement était la propriété de la compagnie pour laquelle je travaillais, et qu'il était réservé aux employés. Elle m'a expliqué la raison de son voyage en Angleterre, et je dois dire qu'elle m'a paru charmante. Elle m'a raconté qu'elle adorait les Beatles (le terme est faible!) et passait ses journées à visiter les lieux qu'ils fréquentaient! Elle a ajouté qu'elle avait déjà fait le tour de Liverpool et des maisons où les Beatles avaient vécu. Je lui ai dit que j'étais native de Liverpool et que j'avais gardé des souvenirs nostalgiques de la Beatlemania. Elle m'a appris que Paul McCartney était en train d'enregistrer un nouvel album et que les studios Abbey Road se trouvaient pas très loin d'ici, et que Paul lui-même vivait à un coin de rue des studios, sur Cavendish Avenue, dans le quartier St John's Wood. Elle a sorti de son sac des photographies d'elle et de Paul, qu'elle avait rencontré cette semaine-là aux studios. Sur ce, je l'ai interrompue pour lui dire que je trouvais ça étrange, car il y a quelques mois, j'avais moi-même rencontré ses deux tantes ! Elles avaient réservé une chambre à Mandeville Place, l'hôtel où je travaille. Peu de temps avant leur arrivée, l'hôtel avait reçu un télex nous informant que toutes les dépenses encourues par ces deux dames seraient payées par la compagnie Paul McCartney Ltd. Le télex avait été envoyé par une secrétaire de Paul et Linda McCartney. Je trouvais que c'était déjà très excitant ! J'ai même conservé une copie du télex en souvenir.

Quand les tantes de Paul sont arrivées à l'hôtel, l'une d'elles était quelque peu contrariée, car elle avait oublié son manteau dans un taxi. Je l'ai aidée en passant une série de coups de fil afin de retrouver le manteau. En retour, elle m'a donné une photographie promotionnelle de Paul et Linda : elle semblait si fière d'eux. Elle m'a confié que Paul se trouvait en ce moment en Australie et qu'il avait gentiment offert de défrayer les coûts d'une rencontre avec un spécialiste de Harley Street lorsqu'il avait appris qu'elle ne se sentait pas bien. D'où sa présence à Londres. Elle m'a remercié pour le manteau et a insisté pour que je me joigne à elles pour une tasse de thé

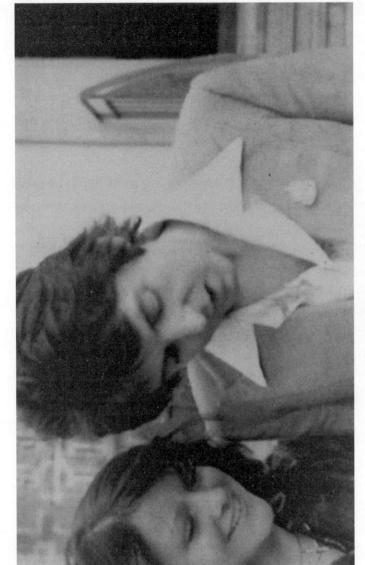

Paul McCartney et moi

plus tard dans la journée. Malheureusement, j'ai dû refuser cette offre, car je n'avais pas le droit de tisser des liens d'amitié avec les clients. Mais à vrai dire, j'ai pu trouver cinq minutes d'accalmie pour prendre une pause et discuter avec elles. Elles étaient charmantes, et je les ai trouvées très sympathiques, chaleureuses et les pieds bien sur terre, comme la plupart des gens de Liverpool. Je me suis rendu compte quelques années plus tard que l'une d'elles était la célèbre «Tante Gin» mentionnée dans la chanson de Wing, «Let Them In».

Madeleine a suggéré que, si je n'avais rien à faire de particulier le lendemain, nous pourrions nous revoir et qu'elle me présenterait à Paul McCartney. Or, le lendemain était justement mon jour de congé. Nous avons convenu de nous retrouver à 17 h. Elle m'a dit qu'elle me téléphonerait et passerait me prendre. Au moment de refermer la porte, je me suis pincée pour voir si je ne rêvais pas. Pouvais-je vraiment la croire, allais-je vraiment rencontrer Paul McCartney? Allait-elle vraiment venir le lendemain? «Oh, tant pis, ai-je pensé. Nous verrons bien!»

Peu de temps après, mes colocataires sont rentrées d'un long quart de travail et m'ont raconté tout ce qui s'était passé durant la journée. Il était presque l'heure d'aller se coucher quand je me suis souvenue de ma propre aventure, et prenant un air désinvolte, j'ai dit à Carole:

— Oh, en passant, je vais rencontrer Paul McCartney demain.

— Ah bon? a-t-elle répondu visiblement incrédule. Et moi, je suis le Pape!

— C'est vrai, Carole! ai-je répondu en essayant de m'expliquer. Je viens de rencontrer une Américaine qui va me présenter à lui demain.

Je lui ai finalement raconté ma rencontre avec Madeleine.

— Pourquoi ne me l'as-tu pas dit quand je suis arrivée? Ce n'est pas tous les jours qu'on a la chance de rencontrer Paul McCartney! m'a dit Carole.

— Eh bien, tu verras demain, ai-je répondu, voyant qu'elle ne me croyait toujours pas.

Le lendemain à 17 h, Madeleine est arrivée comme elle l'avait promis. Tandis que nous marchions de Maida Vale vers Cavendish Avenue, je me suis rendu compte que j'étais de plus en plus anxieuse, me demandant comment je me présenterais, quels mots j'utiliserais pour m'adresser à quelqu'un d'aussi célèbre, et quel serait notre sujet de conversation. J'ai finalement décidé de lui parler de ma rencontre avec ses deux tantes. Arrivée aux studios Abbey Road, Madeleine a reconnu l'une des voitures des McCartney et s'est exclamée :

— Oh, ils sont là! C'est la «Min de Lin», pour reprendre l'expression de Paul. Il ne nous reste plus qu'à attendre.

Elle faisait allusion à la Mini Cooper rose de Linda stationnée devant les studios. Pendant que nous attendions, trois autres jeunes femmes, qui étaient également au courant des allées et venues de McCartney, se sont jointes à nous. Elles semblaient connaître Madeleine. La première était originaire du Pays de Galles et s'appelait Kathie, la deuxième, une Londonienne, s'appelait Sheila, et la dernière était une dame venue des Pays-Bas dont le nom m'échappe! Nous sommes demeurées là quelques heures à bavarder et à partager nos souvenirs des Beatles. Il était évident que ces filles venaient l'attendre ici pratiquement tous les jours et que c'était ainsi qu'elles passaient leurs journées! C'est ce que j'appelle de véritables fanatiques.

Finalement, deux silhouettes sont apparues sur les marches du studio. C'était Paul et Linda! Paul a lancé dans notre direction : «Vous devez avoir froid!», allusion à la température mordante de février. Puis il s'est dirigé droit vers nous. Tout le monde a tendu des bouts de papier et des photographies, chaque fille le suppliant de lui donner un autographe, puis de prendre la pose pour une photo. Paul a jeté un regard autour de lui et remarqué que mon visage ne lui était pas familier. D'un ton très amical, tandis qu'il signait des autographes, il m'a demandé :

— Bonjour, comment t'appelles-tu? Je ne t'ai jamais vue ici auparavant! D'où viens-tu?

— Angela, ai-je répondu nerveusement. Je suis de Liverpool!

— On ne peut pas venir d'un meilleur endroit, n'est-ce pas? a-t-il rétorqué avec esprit.

Je l'ai rapidement interrompu, quoique nerveusement, sachant qu'il ne resterait probablement pas longtemps.

— En passant, Paul, j'ai rencontré ta tante Gin. En fait, j'ai rencontré tes deux tantes, ai-je ajouté dans l'espoir de capter son attention.

— C'est vrai? Vraiment? a-t-il dit d'un air étonné et intéressé.

Je lui ai alors raconté leur séjour dans l'hôtel où je travaillais.

Paul a fait le clown pendant un moment, prenant des poses et faisant des grimaces devant nos appareils photo. Linda est demeurée derrière pendant qu'il faisait son numéro. Ils ont ensuite gentiment accepté d'être photographiés ensemble. Je les ai trouvés très chaleureux et obligeants. Paul était exactement tel que je l'avais imaginé — une âme merveilleuse. Ils nous ont dit au revoir, puis ils ont disparu au bout de la rue dans leur Mini Cooper.

J'étais complètement hébétée. Je n'arrivais pas à croire que je venais de rencontrer un des Beatles! De retour à la maison, brandissant mes autographes et leur décrivant mes photographies (toujours pas développées!), j'ai prouvé à tous ces «Thomas» que j'avais effectivement rencontré Paul McCartney ce jour-là!

Au cours des semaines suivantes, j'ai appris à mieux connaître le secteur. Il m'arrivait très souvent de passer devant la demeure des McCartney et les studios Abbey Road. Je faisais un détour pour me rendre à mon travail dans l'espoir de les croiser à nouveau; ce qui m'est arrivé à plusieurs occasions! Paul, Linda et leurs associés se sont tellement habitués à notre petite troupe qu'ils nous ont finalement invités à faire le tour des célèbres studios Abbey Road!

J'ai découvert en Linda McCartney une personne très affectueuse et expressive. Elle m'accueillait souvent en me prenant dans ses bras et trouvait le temps, elle aussi, de prendre la pose pour une photographie. Certaines personnes ne se seraient pas attendues à ce qu'elle se comporte de la sorte, étant donné que la moitié des femmes de la planète voulaient s'approprier un morceau de son mari! Je l'ai toujours admirée, elle et son travail pour la défense des droits des animaux. J'ai beaucoup de respect pour ses règles morales et ses valeurs, en tant que mère et militante. Linda était une belle âme.

Londres a peut-être été le premier endroit où nous nous sommes rencontrées, mais il n'a pas été le dernier. Il était «prévu» que nos deux âmes se rencontreraient à nouveau. Après avoir reçu une prémonition de sa mort, j'ai plus tard rencontré Linda, mais cette fois dans le royaume de l'Esprit durant une expérience de mort imminente que j'ai vécue en 1998. Il n'y a pas de doute que nos chemins et nos âmes se sont croisés pour une raison précise. J'étais très touchée de penser que Linda était venue me voir pour l'aider à transmettre son message d'amour…

L'intuition d'une mère

Les mères en savent plus qu'on ne le croit. Une mère peut sentir des choses au sujet de ses enfants qui échappent à sa contrepartie masculine. On dit parfois qu'il s'agit de «l'intuition d'une mère». Nous ne sommes pas simplement attachées physiquement à nos enfants, nous sommes aussi *psychiquement* liées. Il y a définitivement un lien spirituel entre une mère et ses enfants.

Je crois que les enfants sont un cadeau du Ciel. Ce sont des âmes qui viennent au monde à un moment parfait pour partager et croiser notre chemin, pour aussi longtemps qu'ils le désirent. Ils ont choisi leurs parents et leur voie. Alors vous ne serez peut-être pas surpris si je vous dis que j'ai prédit avec exactitude le sexe de chacun de mes propres enfants. Aucun esprit ne m'a transmis de message à ce sujet; c'est ma propre psyché, mon âme, qui me l'a dit. Au plus profond de moi-même, je le savais. Intuitivement, de la même façon que j'ai appris à connaître plusieurs autres choses dans la vie.

J'étais tellement confiante et à l'aise avec les pensées et les émotions qui m'habitaient que j'ai tout de suite su que le deuxième enfant que je portais était une fille. Donc, avant même la naissance du bébé, je lui ai acheté son premier ensemble de vêtements roses. J'avais également prévu d'accoucher à la maison, car je « sentais » que le bébé arriverait rapidement, avant que je n'aie le temps de me rendre à l'hôpital.

Le matin du 6 août ne s'est pas fait attendre. C'était la date prévue pour l'accouchement. J'ai commencé à avoir des contractions et la sage-femme est arrivée, bien équipée, à 8 h précises. Je lui ai dit que j'avais à présent des contractions à quelques minutes d'intervalle. Elle a déballé son équipement et s'est préparée pour la naissance. Elle a vérifié à deux reprises si j'avais tout préparé pour la venue de l'enfant. Finalement, elle a jeté un coup d'œil aux vêtements du bébé. Lorsqu'elle a ouvert le tiroir de la commode, elle a reculé d'un pas, atterrée. Elle s'est tournée vers moi d'un air désapprobateur.

— Franchement, Angela, tu n'aurais pas dû faire ça! Qu'est-ce qui t'a pris de tout acheter en rose? a-t-elle rouspété. Qui a dit que c'était une fille?

— Moi, je le sais, ai-je répondu. Et elle sera là plus vite que tu ne le penses!

Je ne lui ai pas expliqué en détail comment je l'avais su; je lui ai simplement dit que c'était une intuition.

Vous auriez dû voir le visage de la sage-femme quelques minutes plus tard! Ma fille est née très rapidement, moins d'une demi-heure après l'arrivée de la sage-femme, et s'est bientôt retrouvée dans ses vêtements roses. La sage-femme est repartie en disant que c'était une coïncidence et que j'avais été très chanceuse ce matin-là, non seulement d'avoir donné naissance à une fille, mais aussi d'avoir prévu un accouchement à domicile, car je n'aurais pas eu le temps de me rendre à l'hôpital si j'avais réservé une place à l'avance.

Quand mes enfants étaient petits, j'avais souvent des prémonitions au sujet de leurs maladies et de leurs petits accidents. J'ai toutefois appris que même si je savais ce qui allait se produire, je ne pouvais rien faire, malgré tous mes efforts, pour empêcher que cela ne survienne. J'ai toujours eu tendance à garder pour moi ce genre de prémonitions, car je pensais que si j'en parlais, cela contribuerait d'une certaine façon à leur réalisation. Même si je savais que ce n'était pas vraiment le cas.

Le désir compulsif de faire et de dire certaines choses sans réfléchir, qui me permet de transmettre des messages importants aux destinataires qui ont été choisis pour les recevoir, était un trait de ma personne qui devenait de plus en plus évident parmi les membres de ma famille et mes amis. On aurait dit que ces messages me parvenaient à la vitesse de la lumière. Transmettre des messages devenait pour moi quelque chose qui se produisait régulièrement, même si pour moi ce n'était pas nouveau, puisque ce trait sous-jacent avait toujours été présent en moi.

À une occasion, l'un de ces messages personnels a été canalisé par un autre médium, mais pour une excellente raison — je n'aurais pas accepté les paroles qui étaient prononcées. J'aurais tenté de les ignorer d'une façon ou d'une autre si elles avaient été canalisées à travers moi. Même si j'ai effectivement essayé d'écarter ce message

Mon grand-père, Jack Gavin

dans un premier temps, il est inévitable que ces mots deviennent tôt ou tard réalité.

C'était un message de mon défunt grand-père, Jack Gavin. Jack était un homme de petite taille, un personnage héroïque. Il avait combattu au cours des deux grandes guerres et passé près de 26 ans dans la Royal Air Force, mais sa véritable passion était le football. Partout où il allait, il mettait sur pied une équipe de football, du moins, quand il ne jouait pas déjà pour une équipe ! Il a effectivement joué pour une équipe professionnelle à un certain moment de sa carrière, pour Wrexham, à la fin des années 1940 et au début des années 1950, avant de devenir président du Workington FC, une équipe de 4e division. Le match qu'il avait joué contre sa chère équipe de Liverpool à Anfield, en 1945, était l'un des moments dont il était le plus fier. Il avait précieusement conservé le programme de cet affrontement, puis me l'avait légué peu de temps avant de mourir. Ce programme occupe une place bien en vue chez moi et je le chérirai toujours. Je n'ai eu la chance de partager sa vie que très peu de temps, car j'ai vraiment appris à le connaître et à découvrir ses aventures héroïques qu'au cours de ses deux dernières années, lorsqu'il est venu vivre avec ma mère et notre famille en raison de ses problèmes de santé. Il est décédé en 1975.

L'un des premiers messages de Jack s'est avéré l'un des plus grands et importants messages d'espoir qu'on ne m'a jamais confié. C'était un message d'espoir dont j'avais terriblement besoin à l'époque, et il m'a aidée à traverser l'une des périodes les plus difficiles de ma vie. Cela s'est passé lorsque ma plus jeune n'avait que cinq ans. Je traversais un divorce très difficile dans lequel je m'étais engagée pour essayer d'échapper à l'emprise d'un homme agressif et manipulateur. Dire que j'étais une « victime » de violence conjugale est inexact, car je suis une survivante. Avec l'aide de Dieu, je suis finalement parvenue à m'extirper de ce mariage désastreux. Ce faisant, et conséquence de cela, j'ai perdu tous les biens que je possédais et pour lesquels j'avais travaillé si fort. Évidemment, tout ce que j'ai pu perdre sur le plan matériel m'a été rendu par la suite au centuple. Mais plus important encore, cette expérience m'a permis de retrouver ma tranquillité d'esprit.

Je me suis retrouvée avec trois jeunes enfants dont je devais m'occuper. Il ne me restait plus qu'à recoller les morceaux de ma vie. À cette époque, je travaillais dans un foyer pour personnes âgées ou en phase terminale. C'était un endroit où je voyais souvent des esprits se présenter au chevet d'un être cher pour l'accueillir et l'aider à passer dans l'Au-delà. J'ai découvert qu'il n'était pas inhabituel pour les infirmières de discuter de certains « phénomènes étranges », ce qui n'était pas surprenant, puisque notre travail nous entraînait aux limites de la vie, le long de cette mince ligne qui sépare les deux mondes. J'ai appris que les hôpitaux et les foyers de ce genre étaient remplis d'énergie spirituelle. J'ai travaillé dans cette atmosphère pendant huit ans, à prendre soin de personnes âgées.

J'avais planifié de retourner aux études et de bâtir une vie meilleure pour mes enfants et moi. Or, c'est durant cette période difficile que j'ai rencontré une autre jeune mère célibataire nommée Lorraine, dont la fille

PRICE—ONE PENNY.

LIVERPOOL F.C.
Official Programme

The only Official Programme issued by the authority of
THE LIVERPOOL FOOTBALL CLUB CO., LTD.

Directors:

W. H. McCONNELL, Esq. (Chairman); S. R. WILLIAMS, Esq., C.C. (Vice-Chairman);
W. H. CARTWRIGHT, Esq.; W. HARVEY WEBB, Esq.; J. H. TROOP, Esq.;
W. J. HARROP, Esq., C.C.; R. L. MARTINDALE, Esq.; G. A. RICHARDS, Esq., J.P.;
Alderman B. K. MILNE, M.C.; GEORGE KAY (Manager).

FOOTBALL LEAGUE MATCH.

LIVERPOOL v. WREXHAM

AT ANFIELD.   SATURDAY, OCTOBER 7th, 1944.
KICK-OFF 3 p.m.

Right   LIVERPOOL (Red Jerseys)   Left

Kemp (1)

Jones (2)   Gulliver (3)

Taylor (4)   Hughes (5)   Pilling (6)

Eastham (7)   Dix (8)   Balmer (9)   Welsh (10)   Campbell (11)

Rogers (11) Livingstone (10) Revell (9) Bremner (8) Hancocks (7)

Gavin (6)   Tudor (5)   Fuller (4)

Jefferson (3)   Jones (2)

Whitelaw (1)

Left   WREXHAM   Right

Referee: Mr. J. Lawless (Bury).
Linesmen: Messrs. H. Morrell (Sale) and J. E. Thomason (Chester).

COME AND SEE THE UNDEFEATED "YOUNGSTERS" AND
LEAGUE LEADERS.

LIVERPOOL COUNTY COMBINATION.

LIVERPOOL RES. v. NAPIERS

SATURDAY, OCTOBER 14th, 1944.   KICK-OFF 3 p.m.
Admission 6d.; Boys 2d.; Stands 9d. (including Tax).

fréquentait la même école que mes enfants. Elle avait récemment déménagé dans le secteur. Elle était originaire du Yorkshire, mais elle avait passé quelques années en Allemagne avec son mari, dont elle était à présent divorcée.

Nous avons découvert que nous avions beaucoup de choses en commun. Nous prenions toutes les deux la vie avec philosophie, nos « verres » étant toujours « à moitié pleins ». Nous nous disions qu'il y avait des gens qui étaient encore plus mal lotis que nous. Et comme nous avions un sens de l'humour qui se ressemblait beaucoup, il nous arrivait souvent de pouffer de rire ensemble, même si notre situation n'avait rien de drôle ! Son amitié faisait entrer un rayon de soleil dans ma vie. Elle avait de toute évidence croisé mon chemin pour cette raison, mais il y en avait aussi une autre beaucoup plus importante.

Lorraine m'a téléphoné un soir, visiblement préoccupée. Elle n'arrêtait pas de me demander si tout allait bien. Je savais que cela cachait quelque chose. Elle m'a finalement expliqué qu'elle avait rendu visite à sa mère, qui vivait dans le Yorkshire, et que pendant son séjour, sa mère était allée à l'église spiritualiste de son quartier et avait reçu, par l'intermédiaire d'un médium de passage, un message destiné à une certaine Angela, de la part d'un dénommé Jack, se trouvant dans le monde de l'Esprit. Sa mère était convaincue que ce message était pour moi, car j'étais la seule Angela qu'elle connaissait à cette époque. Lorraine a consenti à contrecœur à me transmettre ce message, mais elle m'a d'abord demandé qui était Jack.

— Mon grand-père, ai-je répondu.

— À présent, je ne veux pas t'alarmer, mais le message de ton grand-père disait que tu vas être gravement malade. Mais ne t'en fais pas, a-t-elle ajouté, car tu vas recevoir des soins de l'Au-delà.

Lorraine a remarqué mon silence prolongé tandis que j'essayais d'assimiler ses paroles. Des paroles que je ne voulais pas entendre. J'espérais simplement qu'elle se soit trompée. Dans une tentative pour minimiser ce qu'elle m'avait dit, j'ai répondu que tout allait bien. Je n'avais aucun problème de santé. Je me sentais bien. J'étais en pleine forme, à part peut-être les coups et les bleus émotionnels que j'avais reçus.

— À tout le moins, m'a-t-elle dit, si tu dois tomber malade, tu sauras que tu vas t'en remettre. N'est-ce pas encourageant ?

— Nous verrons, ai-je répondu en soupirant, mais j'espère quand même que tu te trompes. Je ne pense pas pouvoir en supporter davantage.

La conversation a bientôt repris son cours habituel, et nous nous sommes efforcées de dédramatiser nos épreuves quotidiennes avec notre sens de l'humour coutumier. Mais le message de mon grand-père s'était gravé dans mon subconscient.

C'est 18 mois plus tard que j'ai appris que je souffrais d'un cancer du col de l'utérus. Je me suis rendu compte que la première partie du message de mon grand-père disait vrai. Je me suis retrouvée pendant un moment dans un tourbillon d'émotions à l'état brut, mais je savais que mes larmes et mon anxiété n'y changeraient rien. Ma plus

grande crainte était de laisser mes enfants seuls et orphe-
lins de mère. Cela me dévorait l'âme. Je devais me reprendre
en main. Je devais me montrer forte pour le bien de mes
enfants et aller de l'avant. Pendant longtemps, j'ai fonc-
tionné sur le pilote automatique, m'acquittant de mes
tâches quotidiennes dans un état semi-comateux. En fin de
compte, ce n'était qu'une chose de plus dans ma vie dont je
devais m'occuper. J'aurais pu facilement être en colère
contre Dieu. Je ne m'étais jamais sentie aussi seule, mais j'ai
pu continuer grâce à ma croyance en Dieu et à ma foi dans
le monde de l'Esprit, sans oublier les paroles d'espoir que
contenait le message de mon grand-père. Après tout, mon
grand-père disait aussi que j'allais recevoir des soins de
l'Au-delà.

Son message se frayait un chemin dans mon esprit
chaque fois que j'éprouvais de forts sentiments d'insécurité. J'essayais d'y trouver le réconfort dont j'avais besoin.
Mais la peur me faisait douter malgré toutes mes
croyances et ma foi en l'Esprit. Je n'avais jamais autant
prié de toute ma vie. En fait, je demandais à tous ceux et
celles que je connaissais de prier pour moi quelle que soit
leur religion. J'avais grandi dans un milieu où l'on croyait
au pouvoir de la prière, et j'avais déjà vu Dieu faire des
miracles.

Cela dit, ce sentiment d'insécurité prenait souvent le
dessus. Je me comportais parfois comme un petit enfant,
tapant du pied et exigeant des réponses claires de Dieu et
du monde de l'Esprit. Je voulais continuellement être
réassurée. J'ai pris conscience que mes émotions élevaient
une barrière entre moi et le monde l'Esprit. Je ne recevais
aucune réponse, du moins, c'est ce que je croyais. Alors

j'ai passé du temps à courir d'une église à l'autre : de l'église catholique où j'allais prier presque sans fin, à l'église spiritualiste dans l'espoir de recevoir un message important. Mais ce que je voulais vraiment, c'était un message « gravé dans la pierre » disant que tout irait bien.

J'étais souvent d'humeur pensive. J'ai senti le besoin de retrouver mes racines et de réfléchir à ma vie en retournant à Liverpool. J'avais l'intention de visiter toutes les maisons et tous les couvents où j'avais vécu et de parler à mes parents, voisins et amis, afin de trouver un sens à tout cela.

Quelques semaines avant mon départ pour Liverpool, en passant un matin devant le cimetière de mon quartier, je me suis rendu compte que je ne m'étais pas recueillie sur la tombe de mon grand-père depuis des années. En fait, je n'y étais pas retournée depuis le jour de son enterrement. À présent, je sentais le besoin soudain et pressant d'être physiquement près de sa dépouille. De plus, j'avais besoin d'un point de repère, car j'avais une faveur à lui demander. J'ai bientôt découvert qu'il était inutile de lui demander quoi que ce soit, puisque j'avais reçu ma réponse presque immédiatement. Tandis que je m'approchais de sa tombe, j'ai remarqué qu'on avait déposé quelque chose sur celle-ci. C'était une unique fleur artificielle blanche. Au départ, j'ai pensé qu'il y avait eu un orage et que le vent l'avait soufflée jusque là. Mais en me penchant pour la ramasser, j'ai entendu la voix de mon grand-père qui disait : « C'est pour toi. »

J'étais bouleversée. Cette fleur ne s'était pas retrouvée là par hasard. Elle venait du monde de l'Esprit. C'était un cadeau de mon grand-père qui m'offrait non seulement une fleur, mais aussi un signe. Je l'ai serrée dans ma main et tenue fermement contre moi : je ne voulais pas perdre ce précieux cadeau. Je n'ai pas douté un instant qu'il s'agissait d'un véritable signe, un signe qui me donnait la réponse dont j'avais besoin. Je me suis sentie en paix pendant un moment. J'ai pris la fleur et l'ai placée dans la grille du tableau de bord de ma voiture, comme un rappel de mes croyances et de ma foi, mais par-dessus tout, des paroles de mon grand-père. Je savais à présent que tout irait bien.

Quelques semaines plus tard, je suis partie comme prévu pour Liverpool avec mon amie Lorraine. Je roulais en direction de la ville quand tout à coup la circulation a été détournée, si bien que je me suis perdue. Je me suis stationnée près d'un cimetière pour chercher sur la carte où je me trouvais exactement. Je me suis subitement rendu compte que c'était l'endroit où était enterrée ma grand-mère Kathleen Murphy. Ce ne pouvait pas être une coïncidence : je devais tenter de voir si je pouvais retrouver sa tombe. Lorraine m'a fait remarquer que je risquais d'y passer la journée, compte tenu du grand nombre de pierres tombales. La pluie a finalement convaincu Lorraine de rester à l'intérieur. Lorsque je suis sortie de la voiture sous la pluie battante, elle m'a crié :

— Tu es complètement folle. Tu vas y passer la journée. Et tu vas être trempée jusqu'aux os !

J'ai fait comme si je n'avais rien entendu, car je me sentais fortement «attirée» vers un sentier qui débouchait sur le côté droit de l'église. J'ai erré parmi les pierres tombales, puis au bout de quelques minutes je suis arrivée devant la tombe de Kathleen, où m'attendait une surprise encore plus grande. Sur sa tombe se trouvait une fleur blanche artificielle, identique à celle qu'on m'avait «donnée» quelques semaines plus tôt dans les Midlands. Je ne touchais plus terre. J'ai couru jusqu'à la voiture, le visage ruisselant de larmes et de gouttes de pluie, enjambant presque les pierres tombales au passage, une petite fleur blanche à la main. Ce devait être tout un spectacle! J'étais trop impatiente de montrer cette fleur à Lorraine. Les mots ne me venaient pas assez rapidement pour lui expliquer la raison de mon extraordinaire enthousiasme. J'avais à présent reçu non pas un, mais deux cadeaux du monde de l'Esprit. L'un de mon grand-père, l'autre de ma grand-mère. Ces cadeaux représentaient une seule et même chose − j'allais guérir grâce à l'Au-delà. C'est finalement ce qui est arrivé, et chaque jour j'en remercie Dieu.

Je sais à présent et je crois que chaque seconde de notre vie est planifiée à l'avance. C'est pourquoi, quand on me parle des terribles événements que j'ai vécus, et que les gens me demandent : «Pourquoi n'avez-vous pas pressenti ce qui allait arriver?», je peux répondre que j'ai effectivement subi des traumatismes pour lesquels je n'ai eu aucune prémonition. Il semble qu'il y ait des choses que nous devons savoir et d'autres qu'il vaut mieux ignorer. Il y a toujours une raison qui explique pourquoi nous devons savoir certaines choses et en ignorer d'autres. Les médiums ne prétendent pas tout savoir; nous pouvons uniquement transmettre ce que nous recevons, et il y a certaines choses qu'il est parfois préférable de taire.

Ce don de l'Esprit implique une grande responsabilité. Il ne s'agit pas de devenir tout-puissant, et certainement pas de faire peur aux gens. Je suis un instrument de Dieu et j'ai reçu de lui un don, un don que je dois accepter, respecter et cultiver. Il est de ma responsabilité de ne pas abuser de ce don de quelque façon que ce soit. Croire en Dieu est de la plus haute importance. Les médiums doivent toujours prier Dieu avant d'entreprendre un travail de nature spirituelle, pour lui demander de les aider et de les éclairer afin de transmettre ses œuvres de façon appropriée, et ainsi leur permettre d'aider les autres et l'Esprit.

Jamais je n'ai assumé de plus grande responsabilité que le jour où une femme dans la quarantaine nommée Ruby est venue me voir pour une séance. À peine s'était-elle assise que j'ai commencé à entrevoir ses problèmes, puis une pensée m'a traversé l'esprit à la vitesse de la lumière et je me suis entendue lui demander :

— Qui a des problèmes avec son sein gauche ?

— Moi, a-t-elle répondu. J'ai un cancer, et je dois dire que je suis stupéfaite de voir que vous avez capté cela d'entrée de jeu ; ce qui m'amène à la raison de ma visite. Je vais être franche avec vous. Je suis venue vous voir aujourd'hui pour savoir combien de temps il me reste à vivre.

Je voyais bien qu'elle était désespérée. Cette dame n'avait pas tant besoin d'une réponse que je ne pouvais pas forcément lui donner que de quelque chose qui pourrait l'aider. Elle avait besoin d'être réconfortée. J'ai demandé à Dieu de m'éclairer et je me suis mise à réfléchir. Je suis demeurée assise en silence pendant un moment, puis je lui ai dit :

— Ma chère. Vous êtes une femme très croyante, n'est-ce pas?

— En effet, a-t-elle répondu.

— J'ai su immédiatement quelle était votre condition, non seulement parce que je sais mais parce que Dieu sait aussi ce que vous vivez présentement. J'espère que vous comprenez, mais je ne suis pas en mesure de vous donner une réponse, car je ne veux pas «jouer à Dieu» avec votre vie. Il y a des choses que nous avons besoin de savoir dans la vie et d'autres qu'il vaut mieux ignorer, ai-je ajouté. Mais je peux vous dire que votre mère et votre père se trouvent dans le monde de l'Esprit et qu'ils marchent eux aussi à vos côtés.

Je pouvais «sentir» la présence de sa mère. C'était une petite dame trapue qui avait vécu sa vie dans le respect de la Bible. Une dame qui était d'un naturel joyeux dans la vie. Elle portait un nom inhabituel. Elle s'appelait Precious. J'ai confié à Ruby ce que je pouvais percevoir et entendre.

— Mon Dieu! Ma mère s'appelait effectivement Precious, s'est-elle exclamée, comme si elle n'arrivait pas à y croire.

— Votre mère me dit que vous n'avez pas suivi tous les conseils médicaux qu'on vous a prodigués.

— Oui, c'est vrai, m'a-t-elle avoué, ébahie. J'ai reçu des traitements de chimiothérapie, mais j'ai été tellement malade que j'ai décidé de laisser tomber la radiothérapie. Je sais que je suis en phase terminale.

L'esprit de la mère de Ruby a continué à communiquer avec moi, me racontant les détails de son enfance en Jamaïque. J'ai ensuite eu la vision d'une église baptiste locale, que j'ai aussitôt reconnue pour être passée devant en voiture quelques jours plus tôt.

— Vous fréquentez une petite église baptiste, je crois, où un grand nombre de prières et de pensées de guérison sont envoyées en votre nom ?

— Oui, oui, m'a-t-elle répondu, comme si elle en éprouvait un soulagement.

— Vous devez continuer à y aller, lui ai-je dit.

Je savais qu'elle n'en avait plus pour longtemps. Je me suis entendue à nouveau lui dire, avec des mots choisis et « orchestrés » avec soin :

— Le mois de septembre aura une grande importance pour vous, car vous en apprendrez alors davantage sur votre condition.

Septembre n'était plus que dans deux mois.

Ruby s'est penchée vers moi et m'a serré la main en disant :

— Merci infiniment. Vous êtes très privilégiée. Et vous avez raison, Angela. Soyez bénie. Je vais m'en remettre à la grâce de Dieu.

Elle s'est levée et m'a serrée dans ses bras pendant un bon moment.

— Vous en serez récompensée, m'a-t-elle dit en partant.

Je savais que je ne la reverrais jamais, du moins pas dans cette vie. C'est au mois de septembre cette année-là que j'ai appris qu'elle était maintenant dans le monde de l'Esprit. Je passe souvent devant la petite église baptiste, et chaque fois je revois son visage souriant. Repose en paix, Ruby.

Passé, présent et futur

L'esprit de la mère d'une amie m'a rendu visite un soir où j'espérais incidemment profiter d'une bonne nuit de sommeil. Je me suis réveillée en sentant une présence. Là, près de mon lit, se tenait l'esprit de la mère de mon amie, Mme Aitkins. C'était une dame charmante qui m'avait prise sous son aile et qui s'était occupée de moi durant mon adolescence, car je passais souvent le week-end chez mon amie. Mme Aitkins me dorlotait et me traitait aux petits oignons comme sa propre fille, Pam, son unique enfant. Et voilà qu'elle se tenait près de mon lit !

— Mme Aitkins ! me suis-je exclamée, le souffle coupé.

J'étais surprise de cette visite inattendue. *Et après toutes ces années*, ai-je pensé !

— Notre Pam souffre beaucoup. Pauvre Pam, m'a-t-elle dit en me regardant d'un air entendu.

Pour ma part, je n'avais pas revu Pam depuis des années, même si elle habitait pas très loin de chez moi.

— D'accord, Mme Aitkins, ai-je marmonné. J'irai voir Pam. Ça vous va ?

Je lui ai rapidement fait cette promesse afin de pouvoir retourner à mon premier sommeil. Je ne voulais pas me montrer grossière, mais ce soir-là j'avais absolument besoin de dormir. C'est un peu comme si j'avais tout de suite compris le but de sa visite, comme si ses paroles n'avaient rien d'étonnant. Elle voulait que j'aille voir sa petite Pam. Visiblement, quelque chose n'allait pas pour qu'elle me rende visite et soit aussi préoccupée. Nos êtres chers décédés se soucient encore de nous et sont conscients de ce que nous vivons, et communiquent souvent avec nous pour nous faire savoir qu'ils sont à nos côtés quoi que nous fassions.

Deux semaines de grande activité ont passé, deux semaines durant lesquelles je me suis sentie un peu coupable de ne pas avoir trouvé le temps de rendre visite à Pam. Mais on m'a rafraîchi la mémoire un matin, alors que j'étais dans ma voiture, arrêtée à un feu rouge. Une voix familière m'a glissé à l'oreille : «Notre Pam souffre beaucoup.» C'était Mme Aitkins qui me rappelait à ma promesse. Sur ce, j'ai fait demi-tour et je me suis dirigée vers la maison de Pam, qui se trouvait à quelques kilomètres dans l'autre direction. J'avais ressenti ce sentiment d'urgence qui me disait que c'était à présent le bon moment. En toute logique, j'aurais dû penser que nous étions vendredi et que Pam et son mari seraient à leur travail ce matin-là, mais il semble que l'Esprit en savait plus long que moi.

En m'engageant dans le cul-de-sac, j'ai aperçu leurs deux voitures dans l'entrée. Cela ne pouvait pas mieux tomber. J'ai frappé à la porte. Ken, le mari de Pam, est venu m'ouvrir. Il a semblé surpris de me voir là, car notre dernière rencontre remontait déjà à plus de trois ans.

— Eh bien ! s'est-il exclamé, attendant visiblement que j'explique la raison de cette visite inattendue.

— Bonjour, Ken. Comment va Pam ? ai-je demandé avec empressement.

— Entre. Elle est au salon.

Arrivée près du salon, je me suis arrêtée sur le seuil pour passer d'abord ma tête dans l'ouverture de la porte et ainsi lui faire une surprise. Je m'attendais à la trouver assise dans un fauteuil, mais elle était étendue de tout son long sur le plancher. On aurait dit qu'elle essayait de demeurer parfaitement immobile. Il était évident que quelque chose la faisait souffrir.

— Salut, étrangère, m'a-t-elle dit avec un sourire chaleureux.

— Oh, pauvre toi, ai-je soupiré avec compassion.

Pam m'a aussitôt interrompue :

— As-tu reçu un message pour moi ?

Elle avait sans doute deviné la raison de ma visite inattendue.

— Oui, Pam. Un message de ta maman. Elle m'a rendu visite un samedi, il y a quelques semaines, pour me dire que tu souffrais beaucoup. Je suis désolée de ne pas être venue plus tôt.

— Samedi, a-t-elle répété quelque peu étonnée. C'est le jour où je me suis déplacé une vertèbre.

Ses yeux se sont mis à briller tandis que je lui racontais la visite de sa mère. Je lui ai également dit que sa maman avait l'air en pleine forme.

— Quoi qu'il en soit, si tu étais venue me voir plus tôt, je n'aurais peut-être pas été à la maison, car j'ai passé beaucoup de temps à l'hôpital ces derniers temps.

— Tu vois, Pam, c'est simplement une façon pour ta mère de te faire savoir qu'elle est toujours près de toi et qu'elle sait ce que tu endures.

— C'est merveilleux de le savoir. Je dois en parler à ma tante, car elle dit « sentir » la présence de ma mère autour de moi. Oh, j'aimerais tant en être capable, moi aussi, m'a-t-elle dit.

Je lui ai expliqué que nos émotions peuvent bloquer la communication quand nous sommes tristes et que nous voulons trop revoir nos êtres chers. Pam étant enfant unique, le lien qui l'unissait à sa mère et l'angoisse de l'attente étaient si intenses sur le plan émotionnel que cela avait probablement élevé des barrières entre elles.

— De plus, ai-je ajouté, elle était très occupée à prendre soin de tout le monde dans l'Au-delà.

Pour communiquer avec nous, l'Esprit a besoin de tranquillité. J'ai remarqué que, très souvent, la communication a lieu quand toutes les barrières psychiques sont à leur plus bas niveau, quand nous sommes sur le point de nous endormir, pendant que nous rêvons ou au moment de nous réveiller. Nos êtres chers utilisent alors le « canal » le plus près qu'ils peuvent trouver. Il peut s'agir d'un proche ou d'un membre de notre famille qui est suffisamment sensible, d'un enfant ou d'un ami médium, comme dans ce cas-ci.

La sensibilité des enfants

Il n'est pas rare que des enfants reçoivent des messages du monde de l'Esprit, car les jeunes enfants sont souvent d'une très grande «sensibilité». Ils ne mettent pas de barrière à leurs pensées ou leurs façons de s'exprimer. Les meilleures preuves de l'existence du monde de l'Esprit nous viennent souvent d'eux. Ils vont par exemple mentionner le nom d'un être cher décédé dont ils ne pouvaient pas connaître l'existence. Ils vont parfois faire allusion à ces messages pendant qu'ils jouent. Les enfants ont tant de choses à nous apprendre sur le monde de l'Esprit. J'ai découvert qu'en ayant un «canal» dans la famille, le don peut être transmis de façon à ce que la présence du canal contribue au développement de la sensibilité de l'enfant. Comme cela a été le cas entre moi et ma grand-mère. Et entre moi et ma propre fille.

Ma fille s'est adonnée un jour à ce que j'appelle — faute d'un meilleur terme — de l'écriture spirite, et ce, à une époque où elle ne savait ni lire ni écrire. Elle avait à peine quatre ans. J'étais chez une amie, Mary, qui est l'une des personnes les plus optimistes qu'on puisse rencontrer. En fait, l'endroit où elle vivait était la seule chose qui la déprimait. Elle n'y était pas heureuse et rêvait de déménager. Tandis que nous prenions le thé et bavardions, j'ai donné à ma fille du papier et un crayon pour l'occuper. J'ai dit à Marie, au moment où l'Esprit m'envoyait cette pensée :

— Tu sais quoi, Marie ? Tu vas déménager au mois d'août ! J'entends le mot « août ». Tu vas définitivement déménager en août, lui ai-je dit au moment où l'Esprit répondait à cette question qu'elle m'avait si souvent posée.

— Je ne vois pas comment cela pourrait être possible. Nous serons en août dans quelques semaines. Je ne peux pas déménager aussi rapidement, m'a-t-elle répondu, balayant tout cela du revers de la main.

— Ah ! Mais Mary, il ne faut jamais dire « jamais » à l'Esprit. Il n'y a pas d'horloges dans le monde de l'Esprit, tout comme on n'y perçoit pas vraiment le passage du temps. Ce ne sera peut-être pas le mois prochain, mais tu vas définitivement déménager en août, ai-je rétorqué, décidée à tenir mon bout.

Je lui donnais la réponse qu'elle attendait depuis si longtemps, et pourtant elle semblait encore quelque peu sceptique. C'est alors que ma petite fille est venue vers nous, tenant dans sa main une feuille de papier. Je lui ai demandé si je pouvais voir ce qu'elle avait dessiné, mais elle a retiré sa main et insisté pour la donner à Mary en disant fièrement : « Mary, c'est pour toi », laissant entendre que c'était une sorte de cadeau.

Mary a regardé le dessin et bondi de son siège comme si elle venait de recevoir un choc électrique.

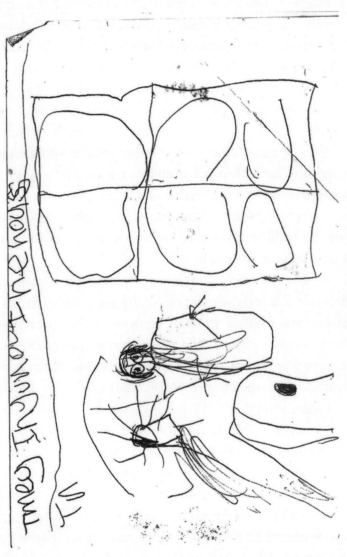

Le dessin spirite de ma fille

— Oh, mon Dieu! Regarde ça! s'est-elle exclamée, incrédule.

Elle ne pouvait pas en croire ses yeux. Elle m'a tendu la feuille. J'ai regardé le dessin que ma fille avait fait, dans le style propre à une enfant de quatre ans, mais il y avait au-dessus du dessin une phrase parfaitement lisible même si les mots n'avaient pas d'espace entre eux. Ce message disait en gros : «Il est temps de quitter la maison»[*].

Ma fille ne savait ni lire ni écrire : elle avait à peine quatre ans. La seule explication possible était que l'Esprit avait guidé sa main. Nous avions affaire à un cas classique d'écriture spirite. Nous avons longuement examiné toute la feuille de papier. J'étais stupéfaite et touchée par la sensibilité de ma petite fille.

La pauvre Mary semblait complètement déroutée. Mais cela m'a certainement ouvert les yeux. J'ai essayé de lui expliquer qu'on pouvait également interpréter le dessin sous la phrase. Elle avait dessiné quatre choses distinctes : un immeuble (la demeure de Mary), un personnage se tenant à l'écart (Mary), une porte et une boule de soleil.

— Regarde, Mary, ai-je dit. Même le dessin raconte une histoire. Tu vois ici, c'est ton immeuble, et ce petit personnage, c'est toi, et voici la porte de ta nouvelle demeure qui t'apporte bonheur et lumière.

Ces mots et ce dessin ont eu un impact sur nous à l'époque, mais ce n'était pas simplement une réponse au problème de Mary, car quelque chose de plus important encore était sur le point de se produire. Ces mots et ce

---

[*] N.d.T. Dans la version originale anglaise, d'où l'image du dessin est tirée, on explique qu'il était écrit «Timeyououtthehouse»

dessin, comme nous allons le voir, annonçaient un chapitre dans la vie de Mary au cours duquel elle serait mise à l'épreuve, mais j'ai le plaisir de vous dire que cet épisode a connu une fin heureuse.

Deux semaines plus tard, au mois d'août, alors que Mary était partie en vacances, son appartement a été cambriolé et incendié par des malfaiteurs. Elle n'a pu récupérer que bien peu de choses. Mary était dévastée, ayant perdu tout ce qu'elle possédait. Les policiers n'avaient jamais vu une chose pareille. L'histoire a fait les manchettes dans la presse et à la télévision. À la suite de cet incendie, Mary a dû déménager dans un nouvel appartement. Elle a découvert la force du sentiment d'humanité qui anime les gens, se voyant confuse devant la gentillesse de toutes ces personnes qui lui offraient leur soutien et leur aide pour recoller les morceaux de sa vie et de son chez-soi. Cette expérience lui a appris à prendre la vie avec philosophie et à apprécier son environnement comme jamais auparavant.

Quant au dessin miraculeux de ma fille, n'aurait-il pas été merveilleux s'il avait lui aussi fait les manchettes ? Malheureusement, nous vivons dans une société qui compte trop d'incroyants, trop prompts à juger et à condamner. Mais pour moi, c'est un trésor et un outil dont je peux me servir. J'utilise maintenant ce dessin, entre autres choses, comme exemple d'un phénomène spirite lors des causeries et des séminaires que je donne un peu partout en Europe. Je l'ai d'abord montré à un groupe de personnes lors d'une conférence pour la fondation Baker en Espagne. Tandis que nous discutions de son interprétation, une dame m'a fait remarquer que la boule de soleil pouvait aussi représenter des flammes, et qu'il pouvait en fait s'agir d'une boule de feu. Je lui ai rappelé que mon interprétation à l'époque visait à redonner espoir, et non à générer de l'anxiété.

J'ai fait encadrer le dessin de ma fille, qui occupe à présent une place de choix dans ma petite galerie à la maison entre différents souvenirs reliés à des phénomènes spirites, afin de ne jamais oublier que l'Esprit peut aussi produire des preuves physiques. J'aime bien penser que le dessin de ma fille contient aussi un message caché m'informant qu'elle sera, elle aussi, un jour, une excellente médium. Mais je veux avant tout qu'elle soit une bonne catholique. J'ai pris la décision d'élever mes enfants dans la religion catholique. Je veux leur donner certaines bases et concepts qui leur permettront de mieux comprendre qui est Dieu et leur montrer l'exemple de Jésus, de sa vie et de ses œuvres — que je considère comme le plus grand «canal» et guérisseur de tous. Par-dessus tout, je veux qu'ils aient la foi, qu'ils croient en l'invisible, dans l'espoir qu'ils pourront eux aussi, à leur propre rythme et à leur convenance, développer un plus grand sentiment spirituel, et pas nécessairement un sentiment religieux, même si je crois que toutes les spiritualités et toutes les religions mènent au Dieu unique, qui est un Dieu d'amour, de lumière et de compassion.

Le spiritisme et moi

En tant que catholique, j'ai connu les tourments de la culpabilité durant mon enfance et à l'âge adulte, à cause de ce soi-disant « don ». J'ai rapidement découvert que mon don et mes croyances étaient incompatibles avec la foi catholique. Cela m'a causé beaucoup de peine et de confusion. Je croisais souvent des gens qui me jugeaient durement à cause de ce don, en particulier une ancienne amie que j'avais connue à l'école catholique et croisée quelques années plus tard. Dès les premiers instants de notre rencontre, elle m'a déclaré fièrement qu'elle n'était plus catholique mais une chrétienne « born-again ».

— Tant mieux pour toi, lui ai-je dit. Et je suppose que je suis devenue ce qu'on appelle une médium spirite.

Elle en est restée bouche bée. Elle m'a saisi le bras et l'a serré doucement, comme si elle essayait de me réconforter, puis elle m'a dit très poliment :

— Je sais que tu es une personne adorable, mais je n'approuve pas le fait d'invoquer les esprits. Ce n'est pas bon pour toi, tu sais.

— Ma chère, ai-je rétorqué, je n'ai jamais «invoqué» un esprit de toute ma vie. Ils viennent tout simplement me voir pour m'aider à communiquer des messages d'espoir à leurs êtres chers ici-bas. Je n'ai pas vraiment le choix, et après tout, qui sommes-nous pour juger? À chacun sa conscience, non?

Elle semblait mal à l'aise et la conversation a rapidement pris fin sur un bref au revoir.

Voilà le genre de choses auxquelles j'étais confrontée — les préjugés et l'ignorance pure et simple des gens.

Je voulais néanmoins recevoir une explication de la part de l'Église catholique, voire sa bénédiction, car c'était important pour moi à ce moment-là, tant cette lutte intérieure était intense. J'étais au début de la trentaine quand j'ai décidé d'en parler à un prêtre de mon quartier. Il m'a fait l'effet d'un homme réservé et cultivé qui semblait, telle était du moins mon impression, en communication directe avec Dieu — il avait une «aura» et une présence indéniable. Je voulais connaître son point de vue au sujet de mon «don», car à cette époque j'allais encore à la messe avec mes enfants, même si je fréquentais aussi à l'occasion une église spiritualiste. Je suppose que je cherchais inconsciemment une approbation ou une forme de reconnaissance, afin que mon esprit puisse se libérer des chaînes qui le retenaient au milieu des règles de la religion inventées par les hommes. J'avais l'impression que cela me permettrait d'explorer librement et plus à fond ma conception de la spiritualité.

Il n'était pas inhabituel à cette époque que le prêtre rende régulièrement visite à ses paroissiens. Il venait souvent me voir à l'improviste pour prendre le thé et bavarder. Je me rappelle un jour avoir trouvé le courage de l'interroger. J'ai d'abord orienté la conversation sur le sujet des dons spirituels. J'étais nerveuse, comme une enfant dans un confessionnal qui essaie de trouver des «péchés» pour lesquels elle devra faire pénitence. Je lui ai demandé, comme s'il s'agissait d'une situation hypothétique :

— Que pensez-vous des gens qui ont des visions et des prémonitions ou qui reçoivent la visite d'êtres chers décédés ? N'est-ce pas un don, mon père ?

Il m'a regardée par-dessus ses lunettes, un sourcil plus haut que l'autre. J'attendais sa réponse, raidie par l'appréhension. Je savais qu'il avait compris que je parlais de moi. Il est demeuré silencieux pendant ce qui m'a semblé une éternité, puis après avoir rassemblé ses pensées, il m'a dit :

— Angela, considère qu'il s'agit d'une bénédiction, d'un cadeau de Dieu. Mais prends garde à ce que tu en fais !

Cette injonction a semblé mettre un terme à la conservation pendant un moment, puis je suis passée à un autre sujet, à quelque chose de moins profond. Je n'ai pas osé lui demander quoi que ce soit d'autre, car ce n'était pas la personne la plus facile d'approche.

Après cette «confession», je me suis sentie soulagée, car c'était quelque chose que je voulais entendre et que j'avais besoin d'entendre depuis longtemps. Je dirais que c'est à la suite de cet échange poignant que j'ai pu vraiment embrasser pleinement mon don et aller de l'avant. Après tout, je connaissais à présent l'opinion de l'Église, à savoir que j'étais gratifiée d'un don de Dieu. J'aurais bien aimé lui demander son opinion sur les guides spirituels, car j'étais déjà au courant de leur existence, mais je n'ai pas osé. Ce sourcil surélevé en disait long sur ses idées !

Je dois dire que j'ai reçu récemment la bénédiction d'un évêque de l'Église catholique qui exprimait ainsi sa gratitude et sa reconnaissance pour mon travail auprès de l'organisation Soul Rescues, après que nous ayons été tous les deux impliqués dans l'un des cas les plus troublants de « poltergeist » qu'il m'ait été donné de voir.

J'ai reçu de nombreux messages personnels de la part de mes guides spirituels et de mes êtres chers, et de certains médiums spirites qui m'ont fait l'honneur de croiser ma route de temps en temps. La majorité des messages relayés par ces médiums spirites concernaient mon travail, ou peut-être devrais-je dire le travail qu'on m'a dit que j'allais faire pour le compte de l'Esprit. Tous ces messages se sont réalisés depuis le temps que je suis associée au Spiritualisme et que je donne des démonstrations dans des églises spiritualistes au Royaume-Uni et en Espagne.

Mon association avec le mouvement spiritualiste a débuté il y a une dizaine d'années, quand j'ai reçu ma première invitation — à laquelle je ne m'attendais pas du tout — à partager la tribune avec le président de la Brownhills Excelsior Church, qui avait entendu parler de moi par des gens de ma communauté. C'est à la suite d'un concours de circonstances — mais en était-ce vraiment un ? — qu'un dimanche soir j'ai décidé à la dernière minute d'aller à l'église sans savoir que le médium qui devait participer au service leur avait fait faux bond au dernier moment. À mon arrivée, un membre de la congrégation a signalé ma présence au président qui m'a aussitôt demandé de venir le rejoindre. Après de gros efforts pour m'amadouer, je me suis jointe pour la première fois à la tribune, bien qu'à contrecœur (j'étais pétrifiée!), et j'ai livré mes premiers messages au mouvement spiritualiste. Après cela, les invitations ont fait boule de neige. C'était surtout des invitations verbales qui m'arrivaient de tous les coins du Royaume-Uni et de différentes organisations spiritualistes situées à l'étranger, comme la Baker Foundation de Torrevieja en Espagne.

Au fil des ans, j'ai rencontré des gens merveilleux au cours de mes voyages, et ce, des deux côtés du «voile», et je continue de servir le mouvement spiritualiste, car je considère qu'il en est de mon devoir compte tenu de mes croyances personnelles. J'adhère de tout cœur aux sept principes du Spiritualisme, mais à cela s'ajoute mon propre sens de la spiritualité, car je crois que nous avons tous avec Dieu une relation qui reflète notre propre unicité.

L'arc-en-ciel de John

Les coïncidences et les phénomènes de synchronicité sont les fils spirituels de la trame qui compose la tapisserie de la vie. Nous avons parfois la chance de sentir la richesse du tissu et de contempler les couleurs qui ont créé l'image.

L'impulsivité a toujours été l'un de mes traits de caractère, et il arrive parfois que celui-ci se manifeste parce que j'ai écouté ma « voix intérieure » et lui ai fait confiance sans poser de question, la laissant guider mes pensées et mes actions du moment. Une telle chose m'est arrivée un jour que je faisais les magasins. Je n'avais pas du tout l'intention d'aller dans un magasin de cartes de vœux. Je suis apparemment entrée par hasard dans le magasin, pour finalement me retrouver en train de regarder les cartes.

J'ai remarqué une carte représentant un arc-en-ciel. Je me suis aussitôt sentie attirée vers elle. Je l'ai prise et j'ai lu la magnifique prose sur le recto. Ce n'était pas une carte de vœux ordinaire, mais une carte dédiée à quelqu'un qui trouvait la vie difficile. Je me rappelle que le message se terminait sur ces mots : « Dieu veille sur toi, et moi aussi. » Même si je n'avais personne à qui l'offrir, j'ai senti que je devais me la procurer. Je l'ai achetée et rangée dans un tiroir, la conservant pour la simple beauté de son message. Ou du moins, c'est ce que je pensais.

Je n'ai découvert la véritable raison pour laquelle je l'avais achetée qu'un an plus tard. J'étais partie à Colwyn Bay dans le nord du pays de Galles avec ma tante Joan, qui m'avait demandé de l'amener rendre visite à une vieille amie à elle, une certaine Cindy, que je n'avais encore jamais rencontrée. Nous avions prévu de passer le week-end chez Cindy. À notre arrivée, elle nous a tout de suite fait sentir que nous étions les bienvenues. C'était une dame du nord du pays, très chaleureuse, qu'on aurait pu confondre, en raison de son physique, avec un membre de notre famille. Cette ressemblance remarquable m'a beaucoup frappée. Nous avons même ri. Cindy était divorcée et mère de deux enfants déjà adultes. Son unique fils, John, était un danseur de grand talent qui avait réalisé son rêve de danser sur scène dans une production londonienne. Malgré une maladie chronique dont il souffrait depuis plusieurs années, il vivait sa vie à fond, sachant que son avenir ne serait pas toujours aussi rose. À cette époque, il se produisait presque tous les soirs avec sa troupe de danseurs dans la comédie musicale *Le Fantôme de l'opéra*, mettant en vedette Michael Crawford, qui était présentée dans un théâtre du West End de Londres.

Cindy nous a montré des photos de son talentueux et très séduisant garçon. Elle était, et cela se comprend, tellement fière de lui. Finalement, nous n'avons pas vu le temps passer. Nous avons vraiment apprécié la compagnie de chacune ; nous avons ri des mêmes choses et de toutes les fois où des gens nous ont demandé si nous étions parentes. Étrangement, nous avons découvert que nous avions plusieurs points en commun. J'en ai conclu qu'il y avait de toute évidence un « lien psychique » entre nous. Nos routes étaient censées se croiser, mais pour quelle raison ? Je ne le savais pas encore.

Au moment de nous dire au revoir, alors que j'étais déjà assise dans la voiture prête à partir, Cindy a été interrompue par la sonnerie du téléphone. Elle nous a demandé d'attendre tandis qu'elle se précipitait à l'intérieur pour aller répondre. Cindy est demeurée un long moment dans la maison. Son absence prolongée a provoqué en moi un certain malaise. Je sentais que quelque chose n'allait pas. Finalement, nous avons cru entendre des sanglots. Je suis sortie de la voiture et je suis entrée dans la maison où j'ai découvert Cindy recroquevillée dans un fauteuil, en larmes, blanche comme un drap et visiblement secouée. Elle nous a expliqué que John venait d'être admis à l'hôpital. Il avait fait une sorte de dépression nerveuse et elle devait se rendre à Londres le plus rapidement possible.

Comme elle n'était visiblement pas en état de conduire, je lui ai suggéré de venir avec nous dans les Midlands en attendant qu'elle se remette du choc initial ; elle pourrait ensuite se rendre de là jusqu'à Londres par le train.

En cours de route, Cindy s'est ouverte à nous au sujet de ses craintes. Tout ce que je pouvais faire, c'était d'écouter cette femme brisée par le chagrin. J'ai décidé de m'absenter de mon travail quelque temps afin de pouvoir l'accompagner à Londres. Après tout, elle était seule comme moi et avait toute ma sympathie.

J'ai rencontré John pour la première fois le lendemain à l'hôpital Ealing, dans des circonstances extrêmement dramatiques. C'était un très beau jeune homme. Il possédait le genre de beauté qu'avait Elvis — le type classique, cheveux foncés, grand et séduisant. Il avait définitivement une aura très particulière. Les gens se sentaient attirés vers lui, autant les patients que le personnel de l'hôpital. Il était évident que John et sa mère s'aimaient beaucoup à la façon dont ils se cramponnaient l'un à l'autre. La maladie mentale est l'une des maladies les plus cruelles qui soient. C'était l'une des choses les plus tristes qu'il m'avait été donné de voir.

John a d'abord cru que j'étais un membre de sa famille, tant il était confus. Cela nous a fait sourire quand nous y avons repensé plus tard, Cindy et moi.

Au cours des mois qui ont suivi, Cindy m'a téléphoné et rendu visite à plusieurs reprises en allant ou en revenant de l'hôpital. Lorsque cela tombait un jour où j'avais congé, je me joignais à elle pour aller rendre visite à John. Finalement, il a été transféré dans un hôpital à Denbigh, dans le nord du pays de Galles.

Un matin, Cindy m'a téléphoné très tôt alors que je ne m'y attendais pas. Sa voix ressemblait à celle d'un robot. Il était évident qu'elle était complètement bouleversée. Elle m'a dit :

— John est mort. Les funérailles auront lieu à 10 h 30 vendredi prochain à l'église St. Thomas, à Rhos on Sea.

Elle a raccroché avant que je n'ai eu le temps de reprendre mon souffle. Je pouvais comprendre qu'elle devait informer beaucoup de gens de toute urgence, mais j'ai essayé pendant des jours de la rappeler, sans succès.

À un certain moment, j'ai même dû me secouer, car je ne savais plus si je devais y aller ou non. J'en suis finalement arrivée à la conclusion que je devais y aller pour la soutenir, maintenant qu'elle en avait le plus besoin.

C'est alors que je me suis souvenue de la carte avec l'arc-en-ciel. J'ai mis un moment à la retrouver, mais j'étais déterminée à mettre la main dessus, car je savais à présent à qui elle était destinée.

Je me suis arrangée pour passer prendre ma tante Joan tôt le vendredi matin, afin d'être à Rhos on Sea pour 10 h. Toutefois, en cours de route, j'ai pris un mauvais embranchement et nous nous sommes perdues. Je me suis mise à paniquer. Je me suis arrêtée dans une petite ville, n'ayant pas la moindre idée de l'endroit où j'étais. J'ai dit à ma tante :

— Demandons à cet homme où se trouve l'église St. Thomas.

Je savais qu'elle ne pouvait pas être bien loin. À ma grande surprise, l'homme a répondu :

— Vous venez pour les funérailles de John ?

Il était évident que cet homme avait été placé sur notre route juste au bon moment. Il nous a expliqué la direction à prendre et ajouté que nous avions encore le temps de rattraper le cortège funéraire avant son départ de la maison.

Juste comme nous nous engagions dans la rue de John, Cindy a reconnu ma voiture. Elle s'est précipitée vers nous en disant :

— Je savais que vous viendriez, je savais que vous ne me laisseriez pas tomber.

La journée avait été une succession d'averses suivies de percées de soleil et j'ai remarqué plusieurs arcs-en-ciel, et même un, ce qui était plutôt poignant, au-dessus de la maison au moment de partir, et un autre au-dessus de l'église et du cimetière.

Il y avait beaucoup de monde à la cérémonie ; tous les membres de la troupe de danse dont John faisait partie étaient présents. Ils étaient venus de Londres et avaient voulu rendre hommage à John en portant leurs souliers de danse avec leurs élégants costumes, complément idéal à la chanson tirée du *Fantôme de l'opéra* qui jouait pendant qu'on le portait à son dernier repos. Et là, un autre arc-en-ciel est venu embellir les cieux.

Plus tard, de retour chez Cindy, on ne pouvait pas ne pas remarquer le majestueux arc-en-ciel qui s'étirait d'un horizon à l'autre, au-dessus de la maison et par-delà la mer.

C'est alors que je me suis rappelé que j'avais oublié de donner la carte à Cindy. Elle a ouvert l'enveloppe et sursauté. Elle s'est mise à pleurer sans pouvoir s'arrêter. Puis, après s'être ressaisie, elle a essayé de m'expliquer :

— C'est mon John qui t'a envoyée ici aujourd'hui... C'est mon John qui t'a envoyée... Tu ne peux pas savoir ce que cette carte représente pour moi, a-t-elle rajouté.

Elle m'a demandé si j'avais remarqué la quantité d'arcs-en-ciel durant la journée. Je lui ai répondu que je les avais remarqués, en effet.

— C'est un signe, m'a-t-elle dit, un signe de John... et à présent tu m'en donnes un autre, un souvenir tangible de John… Tu ne peux pas savoir ce que cette carte et ces arcs-en-ciel représentent pour moi…

À travers ses larmes, elle a poursuivi son explication :

— Il y a quelques années, John m'avait acheté un vitrail à suspendre représentant un arc-en-ciel, que j'ai accroché à ma fenêtre. Et la nuit où les policiers m'ont téléphoné pour me dire qu'ils avaient trouvé un corps, juste quelques secondes avant leur appel, le vitrail est tombé et s'est fracassé. Puis je me rappelle ma dernière conversation avec John, quand il m'a dit qu'il avait du mal à trouver le sommeil.

Je lui avais suggéré de s'allonger et de se détendre, de fermer les yeux et de penser à de belles choses, de penser aux couleurs de l'arc-en-ciel…

— Maintenant, tu comprends pourquoi ces arcs-en-ciel me sont si chers, a-t-elle dit en éclatant de nouveau en sanglots.

Elle m'a prise dans ses bras et s'est cramponnée à moi. Elle a pleuré pour la première fois ce jour-là, et pendant les heures qui ont suivi, elle est restée accrochée à mon bras, comme si cela la réconfortait de savoir que j'étais un lien entre elle et John.

La présence de tous ces arcs-en-ciel ce jour-là étaient un signe, un sceau spirituel venant sceller l'amour entre une mère et son fils.

Chaque fois que je vois un arc-en-ciel, je ne peux m'empêcher de penser à John. Il communique avec moi à l'occasion en me « montrant » une paire de souliers de danse en cuir. Je les ai « vus » pour la première fois au début d'une séance que je donnais à un jeune homme.

L'image d'une paire de souliers de danse est clairement apparue dans mon esprit. Cela a réveillé en moi le souvenir de John et déclenché une communication qui m'a encouragée à dire au jeune homme, alors qu'il était déjà assis et attendait que nous débutions sa séance :

— Vous êtes danseur, n'est-ce pas ?

— Oui, a-t-il répondu nerveusement, en me regardant interloqué.

— Vous rêvez de danser dans un spectacle du West End, lui ai-je dit, sachant que mes pensées étaient inspirées par John.

Le jeune homme a répondu que c'était en effet son ambition. Je lui ai dit qu'il réussirait, à l'instar de John. Ce message l'a ravi, et j'étais moi aussi très heureuse de savoir que John m'avait rendu visite.

Il n'est pas surprenant que l'esprit de John soit interpellé par tout ce qui pouvait avoir un lien avec son amour de la danse. L'influence de son esprit s'est d'ailleurs à nouveau fait sentir un peu plus tard, lorsque ma fille est arrivée première à un championnat de l'est de l'Angleterre dans la catégorie danse irlandaise. Le photographe a alors insisté pour qu'elle se place devant une affiche qu'il avait aperçue dans le hall de l'immeuble, une affiche sur laquelle on avait peint un arc-en-ciel.

Lors de l'une de mes nombreuses visites à des parents dans le nord du pays de Galles, je me suis arrêtée quelques instants chez Cindy pour boire une tasse de thé et bavarder. Après avoir vidé nos tasses, elle a insisté pour que nous allions nous recueillir sur la tombe de John. Je me suis pliée à son désir.

C'était la première fois que je retournais près de sa tombe depuis les funérailles. Le mauvais temps ne nous a pas arrêtées un seul instant. Le sol était boueux; nos chaussures étaient couvertes de boue. De retour à la voiture, Cindy a essuyé ses chaussures avec le seul bout de papier que nous avons pu trouver. Voyant qu'il n'y en avait plus, elle m'a indiqué un tas de feuilles et suggéré que j'aille m'essuyer les pieds là-bas. Tandis que je m'exécutais, qu'est-il soudain apparu parmi les feuilles? Une fleur artificielle blanche. Cindy a paru surprise. Elle savait qu'il m'arrivait de recevoir des apports du monde de l'Esprit et que j'avais déjà reçu deux fleurs artificielles blanches de la part de mes êtres chers. Je lui avais fait part de ces expériences peu de temps après lui avoir donné la carte à l'arc-en-ciel. À présent, Cindy pleurait et riait en même temps:

— C'est mon John qui t'envoie une fleur!

Elle était visiblement bouleversée, mais cette fleur lui a procuré le réconfort dont elle avait besoin, et à moi un objet de plus à ajouter à ma collection, ainsi qu'une preuve indéniable du pouvoir de l'Esprit.

Nous pouvons tous recevoir des signes et des symboles de la part de nos êtres chers, qu'il s'agisse d'une fleur ou d'un arc-en-ciel, ou de quelque chose de très personnel. Notre relation avec eux ne s'arrête pas parce qu'ils ont perdu leur corps physique. C'est Dieu et sa volonté qui permet à nos êtres chers dans le monde de l'Esprit de communiquer avec nous de diverses manières. Après tout, les voies de Dieu sont impénétrables.

Sœur Bridget
et sœur Thérèse

Ce n'était qu'une autre visite, du moins c'est ce que je pensais. J'avais reconnu l'esprit de l'une des deux religieuses qui venaient me voir à tour de rôle, périodiquement, au fil des ans. J'avais déjà senti leur présence et je les considérais comme mes anges gardiens ou mes guides spirituels, ce qui n'est en fait qu'une seule et même chose. Je trouve, et je trouverai toujours, un grand réconfort dans le fait de savoir que de tels êtres veillent sur moi et me guident. La religieuse était seule et me souriait de nouveau. Elle ne m'avait jamais adressé la parole ou même dit son nom, jusqu'au jour où j'ai pensé qu'il suffisait peut-être de le demander.

J'avais de plus en plus envie de connaître la raison de la récente recrudescence de ses visites. Elle ne m'avait jamais rendu visite aussi souvent qu'à l'époque où je travaillais dans une crèche comme travailleuse sociale. On aurait dit qu'elle était émerveillée par les enfants. Je sentais qu'à un certain moment de sa vie passée elle avait probablement travaillé comme moi avec des enfants. J'avais l'impression qu'elle faisait de son mieux pour me guider dans mon travail, mais avec le recul je me rends compte qu'elle a définitivement influencé mes actions et mes pensées, au point où sa personnalité commençait à se refléter dans la mienne.

Un soir, je suis rentrée à la maison après mon quart de travail, quelque peu stressée et préoccupée de tout et de rien. Alors que j'étais étendue sur mon lit avec tous ces soucis qui me trottaient dans la tête, elle m'est apparue très clairement, interrompant à nouveau le cours de mes pensées. Elle était là comme d'habitude, me souriant et m'apportant ce sentiment de paix que je ressentais toujours en sa présence. Lassée de me poser des questions à son sujet, je lui ai demandé, d'une voix très forte : « Qui êtes-vous ? S'il vous plaît, dites-moi votre nom. Comment vous appelez-vous ? »

Dans mon esprit, j'ai entendu une petite voix à peine audible me répondre : « Sœur Bridget », avec un doux accent irlandais. La vision s'est évanouie. Je connaissais à présent son nom, du moins c'est ce que je pensais. Je me suis endormie, mais à mon réveil, le lendemain matin, ce nom encore frais dans ma mémoire, je n'étais plus aussi sûre. Avais-je bien entendu ? Elle m'avait parlé si doucement.

J'ai commencé à me poser des questions sur ce que j'avais entendu. Je voulais m'assurer qu'elle s'appelait bien sœur Bridget. Je me suis mise à douter parce que je savais que la plupart des religieuses prennent le nom d'une sainte, mais je n'avais aucun souvenir de l'histoire d'une sainte Bridget à l'école.

J'ai reçu confirmation de tout cela quelques heures plus tard, lorsque je suis allée rendre visite à une bonne amie qui rentrait tout juste de vacances en Irlande. Comme d'habitude, elle m'avait rapporté un sac rempli de souvenirs et parmi eux, surprise, se trouvait l'emblème d'une croix en paille — la croix de sainte Bridget. Mon amie s'est demandé pourquoi j'étais si émue par ce cadeau, mais elle ignorait ce que cela représentait pour moi. C'était beaucoup plus qu'une croix. C'était la réponse à ma question.

L'influence de Bridget était très forte. Un jour, à mon travail, lors d'une réunion d'équipe, nous discutions de la meilleure façon de répondre aux besoins des enfants. Avant même d'y penser, je me suis surprise à leur parler de leurs besoins spirituels en déplorant le fait qu'ils soient très peu pris en compte. J'ai défendu ma cause en leur rappelant que ces besoins spirituels sont fondamentaux et aussi importants que les autres, et j'ai suggéré que les enfants soient initiés à la foi ou à la spiritualité, afin qu'ils puissent plus tard explorer par eux-mêmes, tout en prenant en considération le fait que nous étions au service d'enfants issus de plusieurs cultures différentes.

Mais ma suggestion est complètement tombée à plat! J'ai compris le défi qui m'attendait quand l'une des travailleuses sociales m'a dit :

— Si tu penses être capable de convaincre les enfants de se lever tôt un dimanche matin, ce sera déjà en soi un miracle, mais si tu parviens en plus à les amener à l'église, alors là j'aurai tout vu!

Quelqu'un a ensuite suggéré, puisque c'était moi qui avais abordé le sujet en premier lieu, que je devrais m'assurer *personnellement* de pourvoir aux besoins spirituels des enfants !

— Pas de problème. Ça me fait plaisir. De plus, je crois aux miracles ! ai-je répondu avec un petit sourire frondeur. J'adore relever les défis !

Ma théorie sur la meilleure façon d'amadouer les enfants était qu'il suffisait de me lier d'amitié avec le « chef de la bande », l'enfant le plus âgé du groupe, pour que les autres suivent son exemple. De plus, j'avais déjà de bons rapports avec eux, c'est du moins ce que je me disais constamment.

J'ai mis ma théorie à l'épreuve le dimanche suivant. D'habitude le dimanche, ils n'aimaient rien de mieux que de se prélasser dans leur lit jusqu'à une heure avancée. Alors, vous pouvez imaginer ma fierté quand j'ai vu qu'ils étaient tous les sept debout. Ils avaient fait leur toilette, s'étaient habillés et attendaient impatiemment, propres comme des sous neufs, que je prenne mon service. Un enfant s'était même donné la peine d'enfiler un veston. Il faut croire aux miracles ! Nous sommes tous montés à bord d'un minibus, et nous voilà partis en direction d'une première église à visiter. C'était un moment mémorable et les enfants, à part le fait d'être un peu nerveux, semblaient y prendre plaisir. Ils ont ensuite commencé à me poser des questions sérieuses, même si certaines choses leur donnaient plutôt envie de rigoler. J'ai essayé de répondre à leurs questions de mon mieux, profitant de l'influence de Bridget à mes côtés, et je dois dire que leur comportement et leur conduite se sont avérés exemplaires. Un autre miracle !

Les enfants prenaient un plaisir évident à visiter chaque semaine des églises et des lieux de culte différents. L'église Gospel était l'un de leurs endroits préférés. Ils adoraient l'atmosphère, et par-dessus tout, la musique et les chants.

Un dimanche, quelques enfants ont exprimé leur appréciation en mangeant exagérément tout ce qu'on leur offrait durant la visite d'un temple Sikh. Ils ont par la suite « exprimé » tout cela sur le plancher du minibus ! Que de joyeux souvenirs, néanmoins.

J'ai travaillé pendant quatre ans dans cette crèche, pratiquement jusqu'à sa fermeture, puis j'ai été engagée comme travailleuse sociale à l'unité de la protection de l'enfance. J'étais triste de partir. Et encore plus triste de penser que les enfants allaient devoir se résoudre à vivre d'autres changements qu'ils ne souhaitaient pas et qu'ils n'avaient pas demandés. Je leur ai laissé un souvenir. Au moment de mon départ, j'ai choisi de leur acheter un cadre du Sacré-Cœur — une image de Jésus au bas de laquelle j'avais écrit : « À mes petits anges aux visages barbouillés ». Je trouvais que cette citation, tirée de l'un de mes films préférés, leur allait bien. Les enfants en étaient ravis ; en fait, ils se sont même disputés pour déterminer où le suspendre ! J'ai entendu dire qu'au moment de mettre la clé dans la porte, les enfants ont tiré à la courte paille pour savoir qui conserverait le cadre, mais je peux facilement imaginer que le plus fort et le plus grand a gagné !

L'apport de Bridget s'était avéré extrêmement influent et déterminant, c'est le moins qu'on puisse dire, et je souris quand je pense à son influence bénéfique. Cette influence aurait-elle été un peu plus forte, qu'ils se seraient tous convertis au catholicisme et à la musique irlandaise ! C'est uniquement avec le recul des années que je commence à me rendre compte à quel point j'ai été inspirée par son esprit. J'ai continué à œuvrer aux services sociaux pendant neuf autres années, mais je n'ai jamais senti aussi fortement la présence de Bridget qu'à l'époque où je travaillais dans cette crèche.

À l'unité de la protection de l'enfance, je me suis jointe à une équipe de 20 travailleurs sociaux. Certains de mes collègues ont eu vent de mes croyances et de mon « don ». Certains ont compris, d'autres ont préféré ignorer les faits, mais la majorité d'entre eux semblaient fascinés. Certains ne se sont pas rendu compte que tout cela était profondément lié à ma croyance en la vie après la mort, croyant que mon don était une sorte de numéro de cirque pour les divertir durant leur pause du déjeuner. Ils me demandaient souvent au début de la journée ce que j'avais pour eux en réserve. Cela créait une atmosphère très frivole, ce qui ne me dérangeait pas vraiment, car cela semblait les mettre de bonne humeur, et ils en avaient parfois besoin, leurs charges de travail étant plutôt stressantes. D'autres ne comprenaient tout simplement pas le contexte dans lequel tout cela s'inscrivait. Ils ne savaient pas que je consacrais mes week-ends et mes soirées au service d'églises spiritualistes partout à travers le pays. J'avais l'impression que ceux qui me comprenaient le mieux étaient deux de mes collègues noirs qui faisaient parfois allusion à mon don de « prophétie ». Il arrivait à l'occasion que les êtres chers de mes collègues dans le monde de l'Esprit se manifestent pour me donner un message durant mes heures de travail, et comme d'habitude, je n'avais plus qu'à les transmettre malgré ce qu'ils pouvaient en penser.

L'un d'eux était destiné à une parfaite incroyante qui n'avait jamais montré le moindre intérêt pour le sujet. Cela s'est passé durant une séance de supervision avec ma directrice. Au moment de mettre un terme à la séance, des pensées ont envahi mon esprit. J'ai senti qu'un jeune homme voulait communiquer avec moi, puis j'ai ensuite entrevu une apparition. Les contours de son esprit se dessinaient près de ma directrice, au moment précis où elle m'a demandé s'il y avait d'autres points à discuter. Je me suis surprise à lui dire :

— Oui, Jeanne. Votre premier amour, Alan, aimerait que vous vous souveniez de lui, ai-je répondu spontanément.

— Oh, Angela ! s'est-elle exclamée en hoquetant, comme si elle en avait le souffle coupé.

Ce message avait visiblement touché une corde sensible. Elle semblait troublée et à court de mots : quelque chose que je n'aurais pas cru possible ! Elle est rapidement sortie de la pièce avec ses dossiers sous le bras, dans un état de grande agitation. Par la suite, elle n'a jamais remis le sujet sur la table et ne m'a plus jamais regardée de la même façon. Je lui avais définitivement donné matière à réflexion.

Je sentais que l'influence de Bridget consistait à présent à éduquer les membres du personnel. Y compris les membres de la direction !

Nous venons tous au monde avec un guide spirituel ou un ange gardien. Ils nous sont assignés dès notre naissance. Leur rôle consiste à veiller sur nous et à nous guider en cours de route. Ce sont des âmes très évoluées qui possèdent la sagesse de plusieurs existences. Ils nous aident à explorer nos propres capacités et nous inspirent à développer notre plein potentiel. Ils nous accompagnent tout au long de notre périple.

C'est souvent lors d'épreuves d'endurance que leur influence et leur présence se font le plus sentir. Ils choisissent avec soin les moments où ils interagissent avec nous. Ils nous guident jusqu'à notre destination. Ils jouent un rôle dans le développement de notre âme. Ils nous aident à apprendre les leçons de la vie. Nous pouvons vivre des choses dont ils ont eux-mêmes fait l'expérience au cours de leur vie sur le plan terrestre. Qui de mieux pour nous guider que quelqu'un qui sait de quoi il parle ? Ce sont des modèles spirituels. La plupart du temps, ils travaillent en silence et sans se faire voir en influençant nos pensées, car c'est ainsi qu'ils communiquent avec nous.

Nous pouvons apprendre à connaître nos guides grâce à la méditation et à la prière. Certaines personnes prennent conscience de l'existence de leur guide à un très jeune âge, comme j'ai moi-même eu la chance de les connaître. Nos guides spirituels peuvent changer en fonction de ce que nous vivons à un moment particulier de notre vie. Il arrive que nous ayons parfois besoin des forces et des qualités d'un guide différent. Un autre guide spirituel prendra alors la place.

Il se peut qu'il y ait des ressemblances entre vous et cet être spirituel, car nous n'héritons pas seulement du bagage génétique de notre père et notre mère. J'ai découvert en effet que nous partageons certaines caractéristiques avec nos guides spirituels. Il existe un véritable lien spirituel entre nous. Leur personnalité peut influencer nos pensées, nos paroles et nos actions.

Il n'est pas rare d'avoir plus d'un guide. Il se peut, par exemple, que nous ayons parfois besoin des forces et des qualités de deux guides distincts. Il m'arrive souvent, personnellement, de sentir la présence de cette « autre » religieuse dans ma vie et de le mentionner. Je considère cette autre sœur comme une âme hautement évoluée qui me rend visite uniquement lorsque je vis des moments poignants. La première fois qu'elle m'a adressé la parole, c'était en rêve, au couvent, alors que je n'étais qu'une enfant. Elle ne m'a plus jamais parlé aussi clairement depuis, et certainement pas durant le jour.

Tandis que je recevais un traitement prodigué par un guérisseur spiritualiste, confortablement assise et sentant la chaleur qui irradiait de ses mains, je me suis sentie emportée dans un état méditatif. J'ai vu dans mon esprit l'image d'un visiteur familier, l'une de mes deux religieuses. Elle se tenait devant moi, mais cette fois sans son uniforme habituel. Elle portait une coiffe blanche. Elle m'a dit : « Je m'appelle Thérèse et tu me trouveras dans un livre. » Elle avait un accent français.

La vision a disparu. Ses visites étaient brèves et douces. Elle était venue et repartie si rapidement. J'avais toutefois reconnu son visage. Cette visite m'intriguait beaucoup. Qui était-elle exactement ? Que voulait-elle ? Et quel était ce livre ? Cela m'a laissé l'impression que je devais faire des recherches et m'enquérir à son sujet pour en apprendre davantage. Elle avait certainement piqué ma curiosité.

J'ai ensuite repris conscience de l'endroit où je me trouvais tout juste comme la séance de guérison touchait à sa fin. Le guérisseur a alors dit une chose étrange qui m'a confirmé la visite de Thérèse.

— Je dois te dire que je ne suis pas médium comme toi, mais lorsque j'ai posé mes mains sur toi, j'ai très clairement vu dans mon esprit l'image d'une religieuse. Chose étrange, elle ne portait pas un uniforme ordinaire, mais une coiffe blanche.

— Merci de me l'avoir dit, ai-je répondu en lui serrant le bras. Je l'ai vue, moi aussi. N'est-ce pas merveilleux ?

Nous étions tous les deux d'accord, car cette communication nous avait beaucoup touchés. Cette visite était très significative, et je devais à présent découvrir pourquoi l'esprit de Thérèse s'était manifesté à mon guérisseur et à moi, comme si elle voulait être doublement sûre que je pousserais plus loin mes recherches. Le monde de l'Esprit ne dépense pas autant d'énergie à moins d'avoir une bonne raison pour le faire.

Emballée par ce que j'avais reçu, au cours des jours et des semaines qui ont suivi, je me suis engagée à essayer de dénicher plus d'information sur Thérèse. Elle m'avait clairement dit que je la trouverais dans un livre. Durant mes temps libres, j'ai donc entrepris de passer au peigne fin tous les livres de la bibliothèque de mon quartier.

Mais au bout de quelques semaines, mon obsession a été interrompue par les crises familiales habituelles et inhérentes à ma vie surchargée. J'étais contrainte d'abandonner ma «chasse aux fantômes», pour ainsi dire!

Quelque 18 mois plus tard, je me trouvais dans une librairie catholique où je me rendais régulièrement pour y acheter mon lot habituel de crucifix. Je laisse toujours un crucifix derrière moi après être venue en aide à une âme, car c'est l'un des plus grands symboles de protection qui soit. L'assistance aux âmes est un autre aspect important de mon travail, un champ d'expertise qui m'a permis d'être témoin de certains résultats quasi miraculeux au fil des ans. C'est un sujet que je connais bien, et mes découvertes dans ce domaine sont si nombreuses qu'il serait impossible de toutes les inclure dans ce livre!

Tandis que je me dirigeais vers le comptoir, l'assistante n'a pu s'empêcher de remarquer le grand nombre de crucifix que j'avais dans la main.

— On répand la Bonne Nouvelle à ce que je vois, m'a-t-elle dit avec esprit.

— Oh, oui! mais par des moyens quelque peu détournés, ai-je répondu.

Je sentais que j'allais y passer la journée si je commençais à lui expliquer ma situation. C'est alors que j'ai baissé les yeux et remarqué un visage familier sur la couverture d'un livre. C'était la photographie d'une jolie jeune femme aux cheveux foncés, portant un chignon et une robe avec un haut col boutonné. Je me rappelais avoir déjà vu son visage, mais rien de plus. J'étais un peu confuse, ne sachant pas réellement qui elle était, alors j'ai demandé à

Thérèse de Lisieux

l'assistante, qui a dû penser que je voulais changer de sujet. Je lui ai indiqué le livre en disant :

— Excusez-moi, vous voyez ce livre avec l'image d'une jeune femme sur la couverture ? Ce ne serait pas une religieuse, par hasard ?

Thérèse, mon guide spirituel,
en tant que novice, à 16 ans

— Oh, mais bien sûr! m'a-t-elle répondu, apparemment étonnée de voir que je ne la connaissais pas. C'est sainte Thérèse!

J'étais complètement décontenancée. Je me suis emparée du livre et je me suis mise à le feuilleter. J'étais si emballée à l'idée d'avoir trouvé une preuve tangible de l'existence de mon guide spirituel que j'ai aussitôt acheté le livre, juste au cas où il contiendrait un message caché. Même si j'exultais, je ne pouvais pas parler de ma découverte à l'assistante — je savais qu'elle ne comprendrait pas. Déjà qu'elle m'avait regardée d'une façon bizarre quand j'avais acheté les crucifix !

Je suis sortie de la boutique portée par un sentiment d'exaltation. Ce soir-là, j'ai passé la moitié de la nuit debout pour essayer d'en lire le plus possible et j'ai découvert un certain nombre de synchronicités et de coïncidences qui étaient pour le moins étranges.

Thérèse (comme je l'appelais), ou Thérèse de Lisieux, était née en Normandie, en France, en 1873. Il y avait beaucoup de photographies d'époque dans son livre. L'une d'elles la montrait exactement comme je l'avais « vue » 18 mois plus tôt, avec sa coiffe blanche de novice. « Remarquable ! » ai-je pensé. « Mais pourquoi était-elle à mes côtés ? » me suis-je demandé, éprouvant tout à coup un certain sentiment d'humilité.

La raison m'est apparue de plus en plus évidente à mesure que j'avançais dans la lecture de son livre. Pour l'essentiel, Thérèse était une jeune religieuse qui avait écrit un livre, son autobiographie, au sujet de ses expériences spirituelles et de sa propre conception de la « spiritualité ». Le livre s'intitulait *Histoire d'une âme*. C'était le lien « psychique » entre nos deux âmes. Son esprit essayait de m'encourager et de me guider à écrire au sujet de mes propres expériences spirituelles, et je suis convaincue que son esprit m'a influencée et aidée dans la rédaction de ce livre. Que Dieu la bénisse, de même que sœur Bridget.

Crime et homicide

Mon implication dans la résolution de crimes a été une partie intégrante de mon développement, et il semble que le fait d'être capable de contribuer à résoudre des affaires criminelles, par exemple un meurtre, est un aspect fondamental du processus de guérison que le recours à la médiumnité peut offrir. J'ai vécu des expériences impliquant des visions très puissantes, certaines étant parfois accompagnées d'une communication avec l'esprit de la victime assassinée. Ces visions spectaculaires sont très frappantes et remplies de couleurs. C'est un peu comme regarder un enregistrement vidéo des événements, une avalanche de visions fugitives qui permettaient de recomposer la scène du crime, même si je ne connaissais pas ou peu les faits.

Percevoir ces visions, c'est comme regarder un tableau à travers une pellicule plastique — sans compter qu'elles ne durent parfois que quelques secondes. Ces visions se sont avérées les plus impressionnantes quand mon attention, grâce à l'Esprit, a été attirée vers un crime particulier. La situation est alors «orchestrée» de façon à ce que je sois obligée de m'impliquer dans l'affaire d'une façon ou d'une autre. Lorsque je me retrouve sur une scène de crime, je reçois non seulement une série de visions reliées à celui-ci, mais il arrive aussi dans certains cas que la victime du meurtre communique avec moi pour me dire qui est la personne qui l'a assassinée.

Chaque cas donne lieu à des communications de nature et de puissance différentes, variant en intensité, car il s'agit ici de niveaux d'énergie et de vibrations, comme c'est toujours le cas lorsqu'on a recours à la médiumnité. Mais je peux affirmer que ces visions saisissantes et d'une grande clarté n'ont d'autre source que le seul pouvoir de Dieu. Cela ne veut pas dire que tous les cas seront résolus, mais par bonheur, chaque fois que j'ai été impliquée dans une affaire de crime, j'ai obtenu des résultats remarquables.

Il est important pour moi de travailler à l'occasion à «l'aveuglette», de savoir très peu de choses, voire presque rien, des circonstances. Ce que je reçois par la suite de l'Esprit peut alors facilement être comparé aux faits.

Je m'implique d'abord dans le processus en confirmant certaines pistes d'enquête et certains faits qui ont déjà été notés. Je reçois ensuite du monde de l'Esprit des informations précises sur la façon dont les événements se sont déroulés, sur les personnes impliquées, sur les conséquences de cette affaire et sur nos chances de la résoudre. Quiconque possède un peu de bon sens sait qu'une preuve apportée par un médium ne sera pas admissible en cour, mais on fait néanmoins appel aux médiums, ne serait-ce que pour confirmer une piste d'enquête. À cet effet, les médiums s'avèrent un outil indispensable lors de la cueillette d'indices. Mieux encore, j'ai eu la chance de redonner espoir à des familles et à la police. Le monde serait vraiment un endroit parfait si tous les cas pouvaient être résolus, mais ces cas non résolus sont un élément essentiel de la douleur que certaines personnes doivent ressentir au cours de leur cheminement.

Je n'ai jamais approché la police ou une victime avec des informations concernant un crime en particulier. Le plus souvent, ce sont les victimes et la famille des victimes qui entrent en contact avec moi. Les informations que je reçois sont ensuite transmises à la police. C'est à l'officier en charge de décider par la suite s'il tiendra compte de ces informations et fera appel à mes services.

Je sais que mes informations ont déconcerté plus d'un policier par le passé. Ils ont ressenti cela comme un coup porté contre leur esprit logique, la majorité d'entre eux étant totalement sceptiques. Mais un inspecteur m'a dit un jour qu'il était prêt à utiliser tous les outils à sa disposition pour recueillir des preuves, et que j'étais l'un de ces outils. Je l'admire, comme tous les autres policiers qui sont capables d'accepter quelque chose qui dépasse la logique et les faits bruts.

L'un de mes premiers contacts avec le crime s'est produit lorsqu'une dame nommée Sue m'a téléphoné en insistant sur le fait qu'elle devait me parler de toute urgence et qu'elle avait désespérément besoin de me dire quelque chose. Nous nous sommes entendues pour nous rencontrer chez elle à Birmingham. Elle m'a expliqué que nous nous étions déjà rencontrées quelques années plus tôt, alors qu'elle était venue avec un groupe d'amies pour une séance privée avec moi. Mais avant d'entreprendre comme tel le récit de sa séance, elle m'a avoué qu'elle était très sceptique à l'époque.

Voici son témoignage :

Angela, vous ne vous le rappelez peut-être pas, mais vous m'aviez transmis un message de la part de mon grand-père, que vous aviez d'ailleurs décrit à la perfection. Vous m'aviez appris que j'épouserais un homme ayant des liens avec la région du Yorkshire. Et vous m'aviez dit que je mettrais sur pied ma propre entreprise de nettoyage. C'est ce que j'ai fait, et elle est aujourd'hui très prospère, comme vous l'aviez prédit ! Durant cette séance, vous aviez montré des signes d'inquiétude et demandé si je connaissais un escroc. Je m'étais sentie quelque peu insultée et j'avais répondu que je ne connaissais aucun individu de ce genre ! Et j'avais ajouté qu'il était hors de question pour moi de m'associer à une telle personne, mais vous aviez poursuivi en me mettant en garde contre un escroc en insistant pour dire qu'il s'agissait « d'un escroc au plein sens du terme ». Ce sont vos paroles exactes : « un escroc au plein sens du terme ». Vous m'aviez ensuite demandé si je connaissais un certain Lionel, question à laquelle j'avais répondu par la négative. Vous m'aviez également demandé si je connaissais un Gordon. Ces deux noms ne me disaient absolument rien. Vous aviez ensuite dit que vous étiez certaine de « voir » un homme derrière les barreaux !

À ce moment-là, j'étais plutôt sur la défensive et j'ai insisté sur le fait que je n'avais jamais fait la connaissance de tels personnages. C'est la raison pour laquelle nous nous rencontrons de nouveau, et je dois vous dire, compte tenu du scepticisme que j'avais affiché à l'époque, que je crois à présent en vous et au monde de l'Esprit, et uniquement à cause de ce que vous m'avez dit. J'ai été complètement estomaquée de voir que tout ce que vous m'aviez dit s'est révélé parfaitement exact !

Elle parlait à une vitesse folle, et cela ne semblait pas encore assez vite pour elle :

J'ai rencontré et épousé un homme du Yorkshire. Six mois environ après notre mariage, mon mari m'a téléphoné de son travail pour me demander à quelle heure je pensais rentrer à la maison ce soir-là. À mon retour chez moi, j'ai découvert que toutes ses affaires avaient disparu, que la voiture avait disparu et plus tard que notre compte en banque avait été vidé ! C'est alors que je me suis souvenue de ce que vous m'aviez dit. Évidemment, j'en ai informé la police. Le choc a été terrible. Mais ce soir-là, je me suis rappelé que vous m'aviez parlé d'un escroc. J'ai cherché dans toute la maison l'enregistrement que vous aviez fait de notre séance. Cela a été une révélation. Tout ce que vous aviez dit s'était produit, et les choses qui m'avaient paru insignifiantes sur le coup avaient pris un sens bien précis avec le temps. Ils ont finalement mis la main au collet de cette fripouille cinq mois plus tard ! Ils ont découvert qu'il avait arnaqué plusieurs autres femmes dans différentes régions du pays. Je le connaissais sous le nom de Steve, mais quelle n'a pas été ma surprise d'apprendre qu'il s'appelait en réalité Lionel Gordon. Les deux noms que vous m'aviez donnés ! Il purge présentement une peine de cinq ans de prison, d'où votre vision d'un homme derrière les barreaux. C'est incroyable que vous puissiez être aussi précise et donner autant de détails ! La prochaine fois, je vais écouter ce que me dit mon grand-père !

Sue a découvert que j'avais un certain sens de l'humour en m'entendant lui répondre :

— Oh, mon Dieu ! Mes amis dans le monde de l'Esprit veulent probablement faire de moi une sorte de Miss Marple !

Plus sérieusement, quand je repense à cette séance, je me rends compte que c'était l'une des premières fois où mon attention était attirée vers un comportement criminel, et apparemment un bon indicateur de ce qui allait suivre.

Je suis rentrée à la maison ce soir-là, impatiente de partager mon expérience avec les ainés de mes enfants, qui trouvaient toujours le temps d'écouter le récit de mes « aventures », étant, eux aussi, fascinés par mon travail. Cela dit, ils ne saisissent pas toujours complètement ce que je leur dis, et il leur arrive alors de prendre les choses à la légère. C'est ce qu'ils ont fait ce soir-là en m'appelant la « Miss Marple du monde de l'Esprit », un titre qui m'a collée à la peau pendant un certain temps.

C'est souvent au hasard des rencontres que l'on apprend des choses importantes, même si leur pertinence ne se révèle que beaucoup plus tard, et dans ce cas précis, des années plus tard.

Un jour, je flânais dans un magasin de vêtements de mon quartier, croyant profiter d'une journée de congé bien méritée loin des habitants du monde de l'Esprit. Malheureusement, quand vous êtes un instrument de l'Esprit, vous ne savez jamais quand on aura besoin de vous ! Tandis que j'inspectais la marchandise, j'ai regardé de l'autre côté de la boutique et j'ai senti le besoin d'aller parler à l'assistante qui se trouvait seule derrière son comptoir. En m'approchant, j'ai vu à l'étiquette qu'elle portait à son revers qu'il s'agissait en fait de la gérante. Totalement «inspirée», je me suis surprise à lui dire :

— Excusez-moi, ma chère, j'ai un message pour vous.

Elle m'a regardée, étonnée. J'ai ajouté :

— Je sais que vous allez comprendre. Ne vous en faites pas, je suis une médium du quartier.

Je lui ai alors demandé :

— Qui est Carole ?

— C'est mon nom ! Oh, oui ! Continuez, je crois énormément en ce genre de trucs, m'a-t-elle répondu, décrivant mon travail de façon plutôt abrupte !

Elle m'a regardée, attendant avec appréhension ma réponse.

— On me dit que vous essayez d'échapper à un homme qui souffre de dépression chronique et qui est parfois violent. Soyez prudente ! Ne prenez aucun risque ! Je dis bien aucun !

— Oui ! J'ai prévu d'emporter mes affaires pendant qu'il est à son travail, a-t-elle répondu.

— Ne vous en faites pas, l'ai-je interrompue. Je vois que vous allez dans une maison devant laquelle se trouvent de très grands arbres.

— Vous semblez décrire le refuge pour femmes où je pensais me rendre !

— Ne vous en faites pas, lui ai-je dit pour la rassurer. Tout ira pour le mieux, mais je sens et je « vois » qu'il y a dans votre entourage un homme de grande taille, avec une moustache noire ; il semble entouré de plusieurs voitures noires. Il a été envoyé pour vous aider.

— C'est un vieil ami, m'a-t-elle confirmé en souriant. Il est entrepreneur des pompes funèbres ! Je n'arrive pas à croire ce que vous venez de me dire !

Elle m'a pris la main et m'a remerciée de l'avoir rassurée. Et comme j'allais quitter la boutique, je me suis dirigée vers la porte et je me suis retournée une dernière fois pour lui dire :

— En passant, je ne vous vois pas travailler dans la vente au détail encore longtemps. Je vous vois plutôt gérante d'un pub !

— Oh non, ma chère ! m'a-t-elle répondu. Je ne peux pas m'imaginer faire ce genre de travail. Je l'ai déjà fait il y a plusieurs années.

— Quoi qu'il en soit, au revoir, ma chère, et rappelez-vous que votre mère veille toujours sur vous !

J'ai vu son expression changer à mesure qu'elle se laissait gagner par l'émotion. Je suis repartie en éprouvant un sentiment de satisfaction et d'humilité. J'avais complété une autre mission au nom de Dieu, et juste à temps pour les emplettes du week-end !

Environ 18 mois plus tard, alors que je cherchais un endroit convenable pour fêter le baptême de ma petite-fille, je suis entrée dans un pub pour y trouver Carole, la dame de la boutique, debout derrière le bar !

— Eh bien! lui ai-je dit. Cela ne me surprend pas!

Elle m'a regardée, extrêmement surprise. Lorsqu'elle a finalement compris qui j'étais, nous avons toutes les deux pouffé de rire.

— Voyez-vous ça, comme on se rencontre. N'est-il pas étrange que vous m'ayez dit que je travaillerais à nouveau dans un pub?

Elle m'a expliqué que c'était l'idée de son nouveau partenaire, de se lancer dans la gestion d'une brasserie. Elle m'a gentiment offert la salle de réception à un prix d'ami en retour de l'aide que je lui avais offerte à la boutique! Puis elle s'est tournée vers moi et m'a dit avec un petit sourire malicieux :

— Pendant que vous êtes là, vous ne pourriez pas me dire où je vais me retrouver dans un proche avenir? Je ne suis ici qu'à titre temporaire.

Une image très nette est apparue dans mon esprit, et je lui ai répondu :

— Je vois un pub de couleur crème avec un cours d'eau sur un côté et un champ à l'arrière.

— Vraiment? Je n'ai plus qu'à attendre et voir ce qui va arriver, et je vous tiendrai au courant.

J'ai quitté le pub avec l'impression que Carole allait devenir pour moi plus qu'une simple connaissance. Quelques mois plus tard, elle m'a téléphoné pour me dire qu'elle avait emménagé dans le pub que je lui avais décrit, avec un canal sur le côté et des champs à l'arrière, mais elle a ajouté que c'est uniquement quelques semaines après leur arrivée que des travailleurs de la brasserie sont venus la peindre couleur crème!

Carole est bientôt devenue l'une de mes clientes régulières. C'était une personne joviale, déterminée et inspirante, qui possédait un excellent sens de l'humour. Le genre de personnalité qui vous accroche rapidement un sourire aux lèvres. Nous avions tendance à rire des mêmes choses toutes les deux.

Elle n'était pas installée dans ses nouveaux quartiers depuis longtemps lorsqu'elle m'a téléphoné pour m'apprendre qu'on avait cambriolé son pub.

— Il fallait que je t'appelle, m'a-t-elle dit, car je sais que tu peux m'aider. Nous avons été cambriolés. Ils n'ont emporté que de l'argent, soit celui qui se trouvait dans les machines à sous qu'ils ont complètement détruites par le fait même. Pourquoi ne viendrais-tu pas mettre tes bras autour des machines à sous et me dire ce que tu ressens ? a-t-elle ajouté, sur le ton de la plaisanterie.

Nous avons bien ri à l'idée de me voir enlacer une machine à sous ! Néanmoins, j'ai accepté de l'aider. Je suis arrivée sur les lieux peu avant l'heure de l'ouverture et je me suis placée devant une machine à sous, beaucoup plus grande que moi. Je l'ai touchée et cela a déclenché dans mon esprit l'apparition d'une vision.

— Oh, Carole ! Je vois deux hommes. L'un est grand avec d'épais cheveux foncés ; l'autre est plus petit, trapu et chauve. Ils étaient juste là, lui ai-je dit en montrant l'endroit précis.

Mais en disant cela, je me suis retournée instinctivement et j'ai indiqué l'autre machine :

— Et il y avait un troisième homme qui s'affairait à démolir l'autre machine pendant ce temps-là.

— Oh, mon Dieu ! Angela, tu as décrit exactement ce qui a été capté par la caméra de surveillance ! Tu ne pouvais pas savoir, c'est impossible ! Tu es incroyable !

— Oui, mais Carole, ces hommes ont un culot invraisemblable et ils reviendront dans ton pub pour y prendre leur repas, car j'ai l'impression qu'ils viennent ici régulièrement de toute façon ! lui ai-je aussitôt rétorqué.

Je lui ai demandé de m'appeler s'il arrivait quelque chose. Ma visite avait été brève, mais agréable. J'ai quitté Carole et je suis retournée vaquer à mes affaires. Quelques jours plus tard, comme je travaillais justement dans ce secteur, j'ai décidé de rendre visite à Carole pour prendre une tasse de thé et bavarder un moment avec elle. En approchant du bar, j'ai aperçu trois hommes assis à une table en train de prendre leur repas. J'ai dû y regarder à deux fois avant de commencer à comprendre qui étaient ces trois personnages et de « sentir » que leur silhouette et leur taille correspondaient à celles des hommes que j'avais vus dans ma vision. Je pouvais voir que Carole n'était pas au bar. J'ai demandé au serveur de l'appeler sans tarder pour lui dire que j'étais arrivée et que j'avais quelque chose d'important à lui montrer.

Carole semblait heureuse de me voir. Je lui ai aussitôt indiqué les trois hommes et demandé ce qu'elle en pensait. Elle m'a répondu :

— Ce sont les hommes de l'enregistrement vidéo ! J'en suis sûre.

Carole est allée téléphoner à la police et les trois hommes ont été arrêtés.

C'est cette même Carole qui m'a appelée en désespoir de cause en mai 2003 pour me dire qu'un meurtre avait été commis au pub Royal Oak de Pelsall.

— Oh, Angela, ils ont assassiné le propriétaire, Mick Hughes. C'était un homme si charmant ; il ne méritait pas de mourir de cette façon. Je suis sûre que tu peux aider la police. Pourquoi n'irais-tu pas voir sur place ?

— Je ne peux pas simplement aller là-bas et me présenter sur le seuil de la porte. Je vais avoir l'air d'une imbécile. Non, je crois que si je suis censée aller là-bas, on m'en informera d'une manière ou d'une autre par le biais d'une communication avec l'Esprit. Mais je verrai ce qui va se passer, lui ai-je finalement promis.

Quelques semaines plus tard, j'avais pratiquement tout oublié de la demande de Carole. J'étais ce jour-là de passage au collège Arthur Findley de Stansted. Tandis que je me détendais dans le jardin près d'un immense chêne, plongée dans un état quasi méditatif, j'ai soudain entendu très clairement la voix de mon défunt père dans mon oreille. Il m'a simplement dit : « Qu'en est-il de cette affaire de meurtre ? » On aurait presque dit qu'il criait, et sa voix s'est mise à résonner dans ma tête. C'était quasiment un ordre. J'ai compris que je devais y aller. Le message était si clair et net. J'ai rendu les armes en disant à haute voix : « D'accord, j'irai ! »

J'ai donc décidé, une fois de retour à la maison, d'aller faire un tour au pub Royal Oak. En fait, j'y suis allée dès le lendemain. Je suis arrivée en voiture peu avant l'ouverture. Je me suis stationnée dans le stationnement, j'ai éteint le moteur, puis j'ai récité en silence une prière et demandé conseil. J'ai levé les yeux vers le pub et reçu une première série de visions reliées au meurtre! J'ai «vu» trois hommes gravir un escalier de secours en fer forgé, se hisser avec difficulté sur un toit en tuiles, puis escalader une sorte de balustrade qui donnait sur un balcon. Ils sont entrés à l'intérieur en passant par des portes vitrées situées au dernier étage de l'immeuble. Pour vous donner une idée, c'était un peu comme regarder un enregistrement vidéo projeté dans mon esprit.

Ayant reçu cette première vision, j'avais à présent suffisamment confiance en moi pour tenter une approche. Il fallait que je dise à quelqu'un ce que je venais de voir! Les portes du pub étaient fermées. J'ai frappé et une dame, qui semblait affolée, est venue m'ouvrir. J'ai rapidement compris qu'elle était la partenaire d'affaires de la victime.

— Puis-je vous aider? Nous ne sommes pas encore ouverts.

— Je m'appelle Angela McGhee. Je suis médium, et je dois vous dire que je suis au courant du drame et que je peux peut-être vous aider, lui ai-je dit en guise de présentation.

— Une médium! s'est-elle exclamée.

Elle m'a expliqué qu'hier encore elle avait justement parlé d'avoir recours à un médium.

Je lui ai décrit la première vision que j'avais reçue dans le stationnement. Je pouvais voir à son expression qu'elle était décontenancée par ce que je lui décrivais.

— Mon Dieu, quand je pense à toutes les portes que vous auriez pu mentionner, c'est par là qu'ils sont entrés dans l'édifice, par les portes vitrées!

Elle m'a ensuite demandé si je voulais entrer et jeter un coup d'œil à l'intérieur. En approchant de l'escalier, j'ai reçu une autre vision, cette fois, il s'agissait de chaises renversées. Je lui en ai aussitôt fait part.

— C'est intéressant, car les portes vitrées par lesquelles ils sont entrés sont celles du restaurant, et c'est là qu'on a trouvé des chaises renversées !

En entrant dans le restaurant, où les chaises et les tables avaient été déplacées durant l'enquête médico-légale de la police, j'ai jeté un coup d'œil dans la pièce presque vide et remarqué la présence de trois portes donnant sur d'autres pièces. J'ai indiqué l'une d'elles et j'ai « senti » le besoin de l'emprunter pour me rendre dans la pièce d'à côté.

— Est-ce que je peux passer par-là ?

— De ces trois portes, vous avez choisi celle qui mène aux appartements, mais attendez, je dois attacher mon chien !

Je ne m'en doutais pas à ce moment-là, mais elle m'a confié plus tard qu'elle était passée devant moi dans l'autre pièce pour déposer des tapis sur les taches de sang et ainsi mettre mes aptitudes à l'épreuve. Elle doutait du pouvoir de mes alliés spirituels, et cela se comprend.

Je suis entrée dans un corridor donnant sur plusieurs pièces, mais je me suis sentie attirée vers une chambre à coucher en particulier. Tandis que je me tenais sur le seuil, j'ai vu dans mon esprit deux hommes qui se battaient, couverts de sang. Je me suis tournée vers elle et je lui ai dit :

— C'est ici qu'ils se sont battus.

Je suis entrée dans la chambre. J'ai jeté un coup d'œil vers la fenêtre, et là, sous la fenêtre, sur le plancher, j'ai «aperçu» le corps de la victime maculé de sang!

— C'est ici que Mick est mort et c'est l'endroit où son corps a été retrouvé.

Je me suis retournée vers elle. Son visage était livide et elle tremblait.

— Comment le savez-vous? Comment savez-vous tout cela? m'a-t-elle répondu avec incrédulité.

Je lui ai rappelé qui j'étais et quel genre d'aide je pouvais obtenir du monde de l'Esprit. Je me suis retournée brusquement, car mes pensées venaient d'être interrompues par une vision fugitive. Je pouvais voir trois hommes courir dans le corridor, l'un d'eux emportant quelque chose de la taille d'une boîte à chaussures. Je lui ai décrit en détail le contenu de ma vision. Elle a confirmé que le coffret de sûreté qui avait été volé avait effectivement la taille d'une boîte à chaussures. Là, elle a commencé à écouter attentivement ce que je lui disais! Tout à coup, j'ai senti une «présence». Je pouvais voir Mick, la victime, debout devant moi. Il tenait dans sa main un lourd bracelet en or afin que je le remarque. Je me suis tournée vers elle et j'ai dit:

— Mick essaie de me dire quelque chose au sujet d'un gros bracelet en or, en lien avec ce vol.

Elle est demeurée silencieuse un moment, comme si elle cherchait à mettre de l'ordre dans ses pensées.

— Oh! s'est-elle exclamée. Nous avons été cambriolés il y a trois semaines, et ce bracelet a disparu!

Je pouvais également entendre Mick dans mon esprit qui essayait de me dire quelque chose au sujet de son fils à elle, un garçon sur lequel il est revenu à deux reprises. J'ai senti que son fils était impliqué dans cet incident. Je n'ai rien dit pendant un moment, retournant dans ma tête les mots appropriés, pour des raisons évidentes, puis j'ai dit :

— Trois hommes sont impliqués dans cette affaire, et Mick connaît très bien l'un d'eux ! Il a déjà pris un verre avec eux, et ce sont des clients de ce pub, au courant de bien des choses, et il y a aussi une femme en lien avec ce cambriolage !

— Je ne peux pas imaginer qu'une femme soit impliquée là-dedans, m'a-t-elle répondu, rejetant cette idée.

— Ma chère, je vous transmets uniquement ce que je reçois.

— Oh, je vous en prie, dites-moi qu'on va résoudre cette affaire ! m'a-t-elle dit en se cramponnant à mon bras.

— D'ici quatre mois, trois hommes et une femme seront arrêtés, ai-je répondu.

Là-dessus, j'ai décidé de quitter les lieux. Je sentais que j'avais accompli la mission pour laquelle j'avais été envoyée ici. Nous sommes redescendues en passant par le bar. La femme semblait hébétée, mais elle n'arrêtait pas de me remercier. Elle m'a priée d'attendre un moment, le temps de demander au barman du papier et un crayon, car elle voulait me laisser son numéro de téléphone. J'ai examiné le barman et frissonné de la tête aux pieds. Mes guides spirituels me disaient : « C'est son fils ! » Il lui a donné du papier et un crayon. Elle a noté son numéro de téléphone et me l'a donné en disant :

— S'il y a du nouveau, s'il vous plaît, téléphonez-moi.

Je suis partie sans plus attendre. Je me rappelle avoir pensé : « Mon Dieu, pourquoi m'avoir montré tout cela ? » J'avais l'impression que cette expérience resterait gravée dans ma mémoire. Je n'étais pas prête à alerter la police. C'était pour moi une expérience si profonde que j'ai choisi de l'utiliser comme exemple lors de mes allocutions aux églises spiritualistes ce week-end-là. Je crois que c'est un membre de la congrégation qui a refilé ces informations à la police. D'où le coup de téléphone que j'ai reçu la semaine suivante. La voix à l'autre bout du fil était celle d'un détective du poste de police de Bloxwich :

— Bonjour, Angela, vous n'avez pas à vous inquiéter ! Mes collègues et moi aimerions simplement vous rencontrer et discuter du meurtre survenu au pub de Pelsall, où vous êtes récemment allée, je crois ?

— Pas de problèmes, demain matin m'irait parfaitement, ai-je répondu.

Ils sont arrivés chez moi le lendemain et se sont présentés en me montrant rapidement leurs cartes d'identité comme des personnages de l'émission *The Sweeney* ! Je les ai invités à entrer. Tandis qu'ils prenaient place et avant qu'ils n'aient le temps de dire quoi que ce soit, je tenais à mettre quelque chose au clair : je voulais savoir pourquoi ils avaient jugé bon de venir me questionner !

— Avant que vous ne m'interrogiez, j'aimerais d'abord vous poser personnellement quelques questions.

Ils m'ont regardée d'un air étonné.

— Je veux savoir quelles sont vos croyances, ai-je repris. Croyez-vous en Dieu ou à la vie après la mort ? Croyez-vous au monde de l'invisible, avez-vous des croyances quelconques ?

— Je comprends où vous voulez en venir, Angela, a répondu le plus âgé des deux, car j'ai déjà assisté à l'émission du médium Colin Fry : ma femme m'y avait traîné de force ! a-t-il ajouté, comme s'il blâmait sa femme pour ce « comportement irrationnel » !

Je me suis tournée vers le plus jeune pour entendre ce qu'il avait à dire.

— Désolé, ma chère, mais je crois uniquement à ce que je vois, a-t-il répondu pour s'excuser.

— Vous savez, je plains les gens comme vous, car il doit forcément y avoir une sorte de vide dans votre vie quelque part, mais quoi qu'il en soit, à chacun ses croyances !

Ce matin-là, ils ont passé quelques heures avec moi. Je leur ai d'abord donné une petite conférence sur les différents aspects de la médiumnité et le travail que je fais, dans l'espoir qu'ils en retirent une certaine compréhension. J'ai ensuite décrit, étape par étape, ce que j'avais vu sur la scène du crime. Pendant ce temps, ils se regardaient avec étonnement. Ils se grattaient la tête et souriaient. On voyait qu'ils commençaient à remettre en question leurs propres croyances ! Le temps qu'ils ont passé avec moi n'a pas tant été consacré à me poser des questions mais à écouter ce que j'avais à dire. Les seules questions qu'ils m'ont posées visaient à s'assurer que je n'avais jamais mis les pieds dans ce pub auparavant. Ils ne m'ont fourni aucune information qui aurait pu confirmer mes dires, mais le fait de les voir esquisser un sourire à l'occasion me suffisait la plupart du temps. Au bout de quelques heures, j'ai pensé qu'ils en avaient assez de ma petite conférence et des détails que j'avais « reçus » lorsque j'étais allée sur la scène du crime.

— D'accord, les gars, qu'en pensez-vous ? leur ai-je demandé en me tournant vers le plus vieux pour obtenir une réponse.

— Vous nous dites des choses qui sont dans le dossier, des choses que seules les personnes impliquées dans l'enquête peuvent savoir !

— Allez-vous m'arrêter parce que j'en sais trop ? ai-je rétorqué pour plaisanter.

Ils ont esquissé un sourire. Puis une idée m'est venue et j'ai ajouté :

— Dieu merci, vous savez que je suis médium !

— En passant, a demandé le détective le plus âgé, où sont vos cartes ?

— Mes cartes ? Je ne lis pas dans les cartes ! ai-je rétorqué, quelque peu sur la défensive. Toutes mes informations me viennent du royaume de l'Esprit, ai-je ajouté, croyant que tous mes efforts avaient été vains.

— Non, non, Angela ! Vous me comprenez mal ! Je parlais de vos cartes d'affaires ! Car je suis sûr que ma femme voudra vous parler !

Je me suis tournée vers le plus jeune et lui ai demandé :

— Et vous, vous ne croyez toujours en rien ? Quelle est votre conclusion ?

J'étais très curieuse de connaître sa réponse, car il avait déclaré qu'il était totalement sceptique. Il m'a regardée en souriant et m'a tendu la main pour serrer la mienne, et sur ce, il a dit tout simplement : « Je vous trouve fascinante ! »

J'ose croire que j'avais laissé entrer un peu de lumière dans ses pensées. Là-dessus, je leur ai donné ma carte et en retour ils ont inscrit leurs numéros de téléphone sur un bloc-notes en me disant :

— Si vous obtenez d'autres informations, faites-le-nous savoir.

Je leur avais probablement donné ample matière à réflexion.

Quelques jours plus tard, à mon réveil, j'ai vu dans mon esprit l'image d'un dauphin. J'ai senti que c'était relié à ce crime. J'ai également reçu un surnom de trois lettres qui ressemblait à «Daz» ou «Gaz», et j'ai senti le besoin de téléphoner à la police pour leur transmettre cette information. J'ai donc passé un coup de fil à mes deux détectives. Le plus jeune a répondu et je lui ai donné l'information. Le détective a confirmé qu'il y avait un pub appelé le Dolphin dans la région de Bloxwich. J'ai également ajouté que je sentais qu'il allait se produire quelque chose de significatif au cours des prochains jours.

Quel ne fut pas mon bonheur de lire dans le journal local, quelques jours plus tard, que la police avait découvert à Bloxwich un coffret de sûreté vide dans le canal situé derrière un pub appelé le Dolphin. Même si j'étais contente, j'ai continué à travailler sans me laisser décontenancer.

J'ai pu établir un autre lien quelques semaines plus tard, quand une femme appelée Carole m'a téléphoné de l'autre bout de la ville. Elle m'a dit qu'elle et un groupe de ses amies aimeraient participer à une séance avec moi et m'a demandé si je pouvais me rendre chez elle, étant donné qu'il y aurait beaucoup de monde. Elle a ajouté qu'elle m'avait choisie, même si on lui avait donné les noms et les numéros de téléphone de quatre autres médiums, car c'était mon nom qui l'attirait le plus.

C'est durant cette séance chez Carole que j'ai commencé à sentir les détails d'une « présence ». J'ai senti que sa mère était dans le monde de l'Esprit. Je pouvais l'entendre parler. Elle a mentionné l'endroit où elle avait vécu une partie de sa vie et évoqué des souvenirs d'enfance de Carole, qui ont apparemment beaucoup touché cette dernière. Je l'entendais prononcer le nom de « Mick ». La mère de Carole essayait de me dire qu'il y avait avec elle dans le monde de l'Esprit une personne nommée Mick. Mais sa mère insistait pour dire qu'il s'appelait en fait Michael, et non Mick, ai-je expliqué à Carole.

— C'est exact, elle l'appelait uniquement Michael, même si tout le monde le connaissait sous le nom de Mick.

J'ai ensuite eu une vision très claire : c'était Mick Hughes, la victime dans l'affaire de meurtre du pub Pelsall. J'en ai eu le souffle coupé et j'ai expliqué à Carole ce que je voyais. Puis, j'ai dit :

— Il doit y avoir un lien entre vous, car il vous envoie énormément d'amour.

Carole a levé vers moi des yeux remplis de larmes.

— Bien sûr, il s'agit de mon frère et de ma mère !

Je pouvais distinctement entendre Mick exiger d'une forte voix : « Justice ! Justice ! Justice ! »

J'ai dit à Carole que justice lui serait rendue, car je sentais que cette affaire se conclurait sur la condamnation des meurtriers à la peine maximale. Mick a également dit quelque chose au sujet d'aller à Stafford. J'ai demandé à

Carole quel était le lien avec Stafford. Elle m'a répondu qu'elle ne le savait pas.

J'ai ajouté que je pouvais voir l'image d'une famille unie qui levait le poing dans les airs en signe de victoire. Je lui ai dit de ne pas s'inquiéter, car je sentais que Mick recevrait justice.

Finalement, quatre mois jour pour jour après avoir mis les pieds pour la première fois dans ce pub, la police a arrêté et inculpé trois hommes et une femme pour le meurtre de Mick. Mick Hughes connaissait bien l'un de ces hommes, car il s'agissait du fils de sa partenaire en affaires.

Le lien avec Stafford est devenu évident lorsque l'affaire — qui devait d'abord être jugée au palais de justice de Birmingham — a été transférée deux jours avant les premières audiences à celui de Stafford. Cela expliquait pourquoi Mick avait dit qu'il irait à Stafford. Et c'est là que justice a été rendue. Je suis convaincue que Mick a observé et écouté tout ce qui s'est dit. Les trois hommes ont été reconnus coupables de meurtre et condamnés à une peine minimale de 20 ans de réclusion. La femme a été trouvée coupable d'un délit mineur.

Ma dernière vision reliée à cette affaire a été confirmée par une photographie publiée dans le journal local après le verdict. C'était exactement ce que j'avais «vu» : les membres de la famille sur les marches du palais de justice, le poing levé dans les airs en signe de victoire! C'est à ce moment que j'ai senti que mon travail était terminé.

Cette expérience m'avait bouleversée par son extraordinaire pouvoir et inspiré un profond sentiment d'humilité. J'ai été très émue à nouveau quand, quelques mois plus tard, Mick Hugues, alors tout sourire, m'a rendu visite en rêve pour me remercier. Je me suis réveillée avec ses paroles de remerciement dans l'oreille. Voilà quelqu'un que je n'oublierai jamais.

Cela dit, ce n'est que trois ans et demi plus tard que j'ai commencé à comprendre que mon intervention dans cette affaire avait une portée plus grande que je ne le pensais. Dieu était sur le point de me révéler ce qui se cachait derrière tout cela ! J'ai reçu l'appel de l'assistante d'un producteur d'ITV, représentant l'entreprise cinématographique canadienne Cineflix. La jeune femme à l'autre bout du fil m'a expliqué qu'ils étaient en train de tourner une série documentaire sur les médiums qui aident les détectives à résoudre des crimes.

— J'ai entendu dire que vous êtes une médium détective. Avez-vous de bonnes histoires à nous raconter ? m'a-t-elle demandé.

J'ai tout de suite pensé à l'histoire de Mick Hughes, et j'ai commencé à lui raconter ce qui était arrivé. Elle m'a demandé si je pensais que la famille accepterait de leur parler et si j'avais leur numéro de téléphone. Je lui ai répondu que je ne pensais pas avoir conservé leur numéro après toutes ces années. Mais mon guide me disait d'aller voir et de consulter mon journal intime, et c'est ce que j'ai fait. J'ai trouvé leur numéro et je l'ai donné à la jeune femme afin qu'ils puissent poursuivre leur recherche. Elle m'a rappelée quelques jours plus tard pour me dire qu'ils avaient parlé à la sœur et à la fille de Mick Hughes et que ces dernières acceptaient de participer au documentaire. Cette pensée m'a beaucoup touchée.

J'ai cru comprendre que le principal obstacle serait la police du West Midlands, car il était peu probable qu'ils rendent publics les faits reliés à l'enquête et que les détectives impliqués dans l'affaire acceptent de parler aux réalisateurs. Quelques semaines plus tard, alors que je croyais qu'ils n'avaient pas réussi à obtenir les informations dont ils avaient besoin, l'assistante du producteur m'a téléphoné, transportée de joie :

— Bonne nouvelle, Angela ! La police du West Midlands a autorisé la publication du dossier et nous avons retrouvé l'un des détectives impliqués dans cette affaire, celui qui vous a rendu visite dans un premier temps. Il est prêt à parler et il n'a pas ménagé ses compliments à votre endroit.

En fait, quand j'ai demandé lequel des deux ils avaient retracé, ils m'ont dit qu'il s'agissait du détective Mike Crump, le plus jeune des deux. Celui qui se disait totalement sceptique ! J'étais étonnée qu'il accepte de parler publiquement de mon implication.

Autre surprise de taille, l'inspecteur-chef Ian Bamber, que je n'avais jamais rencontré, avait lui aussi accepté d'être interviewé à l'écran.

— Il semble que le projet va aller de l'avant. Il faudra organiser d'autres rencontres avec le producteur et une date sera fixée pour le début du tournage. Nous restons en contact ! m'a dit l'employé de la société productrice.

J'ai dû me pincer ! Je n'arrivais pas à croire que j'allais participer à un film, et qui plus est, qui serait présenté partout dans le monde ! Cela mettait vraiment en lumière la mission de mon âme. Les prophéties de mon enfance étaient en train de se réaliser.

Une date a été retenue pour le début du tournage. J'avais cru comprendre que les détectives et les membres de la famille seraient interviewés dans un hôtel cinq étoiles. J'avais supposé qu'on me demanderait ensuite de venir, mais le réalisateur m'a téléphoné et s'est présenté à moi. Il m'a expliqué pourquoi je ne serais pas interviewée à l'hôtel.

— M'dame, m'a-t-il dit d'une voix traînante avec un fort accent américain, je veux vous rencontrer dans un endroit spécial, dans un endroit authentique. J'ai loué Dudley Castle pour la journée ! Ce sera notre première destination.

Cette idée m'a bien fait rire !

Je me souviens d'être arrivée sur les lieux et d'avoir eu froid, car c'était un après-midi de février glacial. Après les présentations d'usage, j'ai découvert que l'équipe de tournage était composée de gens chaleureux et très aimables. Je pouvais me détendre et être moi-même ! Nous n'avons pas mis beaucoup de temps à former une équipe soudée. Nous bavardions entre les prises, partageant avec les autres nos croyances et nos incroyances au sujet des habiletés psychiques.

Ils ont tous rapidement pris conscience de mon sens de l'humour. Pendant qu'ils tournaient mon entrevue, on a tout à coup entendu des cris d'animaux et d'oiseaux provenant du zoo attenant au château.

— Qu'est-ce que c'est ? a demandé le réalisateur.

— Ce sont les pingouins, ai-je répondu. Vous comprenez ce qu'ils disent, n'est-ce pas ?

Il m'a regardée avec un petit sourire ironique, attendant la chute de l'histoire.

— Ils disent : le dernier arrivé est un biscuit au chocolat !

Le réalisateur et tous les membres de l'équipe ont pouffé de rire. On pouvait voir trembler l'équipement qu'ils tenaient dans leurs mains. Ils semblaient apprécier mon sens de l'humour quelque peu absurde !

Et je n'avais que la chaleur de mon humour pour me tenir au chaud ce jour-là. J'ai sans doute frôlé l'hypothermie ! L'équipe de tournage était habillée comme pour une expédition en Antarctique et moi j'étais là dans mon élégant ensemble coupé dans un tissu très mince. J'avais tellement froid qu'à un moment donné j'ai demandé au réalisateur d'arrêter le tournage en disant, tout en essayant de ne pas trop avoir l'air de me plaindre ! :

— Excusez-moi, monsieur le réalisateur, puis-je vous demander quelque chose ? Comment se fait-il que les détectives et la famille de la victime aient droit à un hôtel cinq étoiles à Sutton Coldfield et que je me retrouve dans un château plein de courants d'air et exposé aux quatre vents, dépourvu de fenêtres, et dans lequel il fait -10° ?

— Mais m'dame, le coût de location de ce château est beaucoup plus élevé, a-t-il répondu l'air de dire : «Taisez-vous ! Vous me faites perdre de l'argent !» Après tout, c'est vous la vedette ! a-t-il ajouté pour me rassurer, espérant sans doute gonfler mon ego et faire monter ma température !

J'ai adoré chaque minute du tournage et tout ce qui se passait autour de moi m'a littéralement éblouie. À un moment donné, je me suis retrouvée encerclée par le réalisateur, le caméraman et le preneur de son. Pendant une fraction de seconde, j'ai pris conscience de la réalité qui m'entourait et senti le besoin d'exprimer ce que je ressentais. J'ai regardé ces trois hommes à tour de rôle, puis j'ai dit au réalisateur :

— Oh, je me sens comme Dorothy dans le Magicien d'Oz !

— M'dame, j'adore cette analogie, m'a-t-il répondu en riant.

Ils ont tous ri et entrepris de s'examiner pour trouver d'autres ressemblances entre eux et les célèbres personnages de mon film préféré de tous les temps. Nous nous sommes tous mis d'accord pour dire que le réalisateur pourrait tenir le rôle du lion en raison de sa crinière de cheveux bouclés.

Cette journée passée à Dudley Castle s'est avérée mémorable. C'était une belle équipe, très professionnelle. Je n'aurais jamais cru que tourner un documentaire prenait autant de temps, mais j'en ai apprécié chaque instant.

Une journée de tournage était consacrée à Carole, la sœur de Mick, qu'ils sont allés filmer chez elle. Elle nous a tous fait sentir que nous étions les bienvenus. C'était la première fois que je la rencontrais depuis sa séance avec moi, trois ans plus tôt. Elle m'a confié qu'elle avait conservé l'enregistrement de la séance et rappelé ce que je lui avais dit ce jour-là, toutes sortes de choses que j'avais complètement oubliées ! Elle m'a dit qu'elle n'en revenait toujours pas de l'incroyable précision dont j'avais fait preuve quant aux circonstances qui avaient entouré l'assassinat de son frère.

Pendant que l'équipe tournait la séance de Carole, une photographe est arrivée pour prendre des photos à des fins publicitaires. Après les présentations d'usage, nous nous sommes assises et nous avons bavardé en attendant que se présente un moment propice pour les photos. Elle semblait très intriguée par mon « don », et m'a demandé si je sentais ou recevais quelque chose pour elle, comme le font souvent les gens qui me rencontrent pour la première fois. Elle n'avait pas aussitôt terminé sa phrase que j'ai aperçu les contours d'une vieille dame en train de faire de la broderie.

— J'ai ici une vieille dame, lui ai-je dit. Je sens qu'il s'agit de votre grand-mère. Elle me dit que la broderie était son passe-temps.

La surprise se lisait sur le visage de la photographe.

— Oui, oui! Ma grand-mère faisait des choses merveilleuses au point de croix!

— Je crois que quelqu'un est sur le point de se marier. Elle parle d'un mariage prochain.

— Je me marie dans deux semaines, a répondu la photographe resplendissante de bonheur.

— Sur une plage en Écosse, ai-je ajouté, quelque peu inquiète à cause du froid.

— En effet, a-t-elle dit en poussant un petit gloussement délicieux.

Je lui ai expliqué que je pouvais entendre sa grand-mère crier très fort parce qu'elle était étonnée elle aussi que quelqu'un ait l'idée de se marier sur une plage écossaise au milieu du mois de février!

La photographe a pouffé de rire.

— On me donne un nom qui ressemble à Ferguson…
Non, excusez-moi, on me dit qu'il s'agit plutôt de
Farquarson.

— Bonté divine! C'est le nom de mon père! Il s'appelle Farquarson. Vous êtes incroyable!

— Ne vous en faites pas, même si le temps est plutôt
froid, votre grand-mère assistera elle aussi à ce mariage.

— Que Dieu la bénisse et merci beaucoup. J'ai tellement hâte de raconter tout cela à la famille, m'a-t-elle
répondu.

Elle m'a serré la main et remerciée encore et encore
très rapidement, car on venait de nous faire signe que
c'était notre tour.

Le documentaire concernant mon implication dans
l'élucidation du meurtre de Mick Hugh a été diffusé dans
le cadre d'une série de documentaires télévisés riches en
suspenses mettant en vedette des détectives chargés de
résoudre d'authentiques affaires criminelles grâce à la
haute technologie et aux pouvoirs paranormaux d'un
médium. L'un des plus beaux compliments que j'aie
jamais reçus, je le dois à l'inspecteur-chef Ian Bamber,
que je n'ai jamais rencontré, mais qui a résumé mon
apport à la fin de l'émission. C'est lui qui avait pris l'initiative d'envoyer chez moi deux détectives afin de me
demander, en tant que médium, ce que je savais au sujet
du meurtre.

Ce qu'il a dit m'a vraiment fait chaud au cœur:

— Si je n'avais pas été policier et que je me serais
retrouvé dans la position de la famille de la victime,
j'aurais sans hésiter saisi le « rameau d'olivier » de l'espoir
que vous étiez en mesure d'offrir.

Il avait de toute évidence compris quelque chose d'important au sujet de la médiumnité : tout est affaire d'espoir !

L'histoire de Baz

C'est durant l'un de ces jours de tournage que j'ai reçu l'appel d'une femme affolée :

— Bonjour, est-ce que je parle à Angela McGhee ? Je vous ai cherchée partout ! Je m'appelle Sheila McKenna. J'ai lu un article sur vous dans le magazine *True Crime*. Je me demandais si vous pourriez m'aider. Nous pensons que notre fils a été assassiné. J'aimerais que vous veniez à Newcastle. J'ai besoin d'en savoir davantage sur ses derniers moments. S'il vous plaît, pouvez-vous nous aider ? m'a-t-elle suppliée. Pouvez-vous venir demain ?

Cette femme était clairement désespérée. Je pouvais sentir sa douleur. Je l'ai interrompue pour lui demander de ne pas m'en dire davantage. Je lui ai expliqué que je participais à un tournage et que je m'étais engagée pour les jours suivants. Je lui ai également demandé de ne rien me dire au sujet de son fils ou des circonstances entourant sa mort, en lui expliquant que je préférais travailler à

« Baz », Barry McKenna

La maison des McKenna

« l'aveugle ». Je ne voulais surtout pas qu'un fait quelconque vienne interrompre ma communication avec l'Esprit.

Le mardi suivant, Sheila s'était arrangée pour me réserver un billet d'avion valable pour la journée à destination de Newcastle. La veille du départ, avant de me mettre au lit, j'ai récité mes prières et demandé aide et conseil pour Sheila McKenna et David, son mari. J'ai supplié Dieu de me guider et de faire de moi son instrument, afin que je puisse contribuer à les soulager de leurs tourments. Cette nuit-là, j'ai connu un sommeil agité. Mes rêves ont été interrompus par la vision d'un bras droit illuminé. Je me suis réveillée avec la conviction que cette image était reliée au décès de leur fils.

Durant le vol, j'ai regardé par le hublot de l'avion et, là au-dessus des nuages, j'ai aperçu la vision qui m'était apparue en rêve la nuit précédente. Je pouvais voir son bras droit encore et encore.

David McKenna est venu m'accueillir à l'aéroport. C'était un homme grand et fort, mais une grande tristesse se lisait sur son visage. Il m'a serré la main et expliqué que nous n'aurions pas à faire un long voyage pour se rendre chez lui. En montant dans la voiture, je lui ai dit :

— David, il y a quelque chose que je dois vous dire. Depuis hier soir, j'ai souvent la vision d'un bras droit illuminé. Il y a un lien avec le bras droit de votre fils.

— Angela, a-t-il soufflé, interloqué, je dois vous confier que toute cette affaire implique quelque chose qui est arrivé à son bras droit. Mon Dieu ! Comme c'est troublant que vous ayez dit cela !

En cours de route, j'ai senti une forte présence à mes côtés. C'était son fils, dont j'ai entendu la voix dans mon oreille qui disait : « C'est moi, Baz. C'est moi, Baz. » C'était la voix du fils de David dans le monde de l'Esprit.

— David, j'entends le nom Baz. C'est moi, Baz. C'est moi, Baz.

J'avais bien entendu !

— Wow ! m'a-t-il répondu avec son accent typique de Tyneside. C'est mon garçon. Tout le monde l'appelait Baz. Vous verrez les fleurs quand nous arriverons à la maison, m'a-t-il dit en m'expliquant qu'il y avait encore des bouquets de fleurs en son honneur dans le jardin.

La communication entre l'esprit de Baz et moi était à présent bien établie. J'ai à nouveau entendu sa voix et je me suis tournée vers David en disant :

— Baz me dit que vous vous êtes marié à deux reprises et que vous avez cinq enfants.

David a esquissé un petit sourire narquois et répondu que c'était exact. J'ai ensuite entendu Baz me dire d'une voix forte qu'il habitait près de l'église.

— Près de l'église. Vous habitez près de l'église, n'est-ce pas David ? ai-je demandé en continuant de transmettre les paroles de Baz.

— Oui, on peut dire ça, a répondu David avec un sourire en coin.

Tandis que je me laissais conduire, j'ai aperçu au loin une église. Arrivés devant celle-ci, à ma grande surprise, nous sommes entrés dans la cour. J'ai alors compris pourquoi David avait ri ! Sa maison était un ancien monastère, magnifique et imposant, directement relié à l'arrière de l'église. Cette demeure s'appelait Hebburn Hall. David m'a raconté qu'il l'avait lui-même rénovée. Elle était grandiose. Finalement, on m'a conduite dans une grande cuisine de style campagnard, où j'ai fait la connaissance de Sheila, la mère de Baz.

Tandis qu'elle me souhaitait la bienvenue, elle m'a serrée dans ses bras et m'a tenue contre elle un bon moment, comme si sa vie en dépendait. J'ai vu que c'était une personne chaleureuse, mais je pouvais aussi sentir ses larmes et son chagrin. J'ai essayé de ne pas me laisser envahir par les émotions, car j'avais un travail à faire. David a raconté à Sheila ce que je lui avais dit en chemin au sujet de Baz. Elle n'arrivait pas à croire que j'avais découvert son surnom. Je les ai interrompus et je leur ai demandé du papier et un stylo, car je sentais que Baz me pressait de continuer. Sheila m'a donné une feuille de papier et un stylo et David est allé chercher une enregistreuse. Je me suis assise sur une chaise de la cuisine et j'ai commencé à noter les paroles de Baz. Il m'a raconté qu'il était mort à la suite d'une overdose d'alcool et d'héroïne.

David et Sheila m'écoutaient attentivement. J'ai levé les yeux vers eux et raconté ce que je venais de recevoir. Ils m'ont signifié que c'était exact. Baz m'a ensuite dit qu'il ne voulait pas partir. Il a crié et répété qu'il ne voulait pas partir. J'ai compris que quelque chose n'allait pas, mais pas du tout. Je me suis tournée vers David et Sheila et je leur ai dit :

— Il s'agit d'une overdose provoquée par l'alcool et l'héroïne, cela est certain. Mais un fait demeure : Baz ne voulait pas partir. Quelqu'un d'autre est impliqué dans le décès de Baz. Vous verrez que les conclusions du coroner confirmeront ce que je dis et que son décès sera considéré comme une mort suspecte.

— C'est exactement ce que nous pensons, mais nous avons besoin d'en savoir davantage sur ses dernières heures, m'a dit Sheila.

J'ai alors eu une vision : on me montrait une rangée de dix maisons surplombant un remblai de verdure. Je leur ai décrit ce que je venais de voir.

— Baz veut que j'aille à cet endroit. J'ai l'impression que c'est l'un des derniers endroits où il est allé au cours de ses dernières heures. En fait, j'ai le sentiment que c'est là que se trouve le point de départ des dernières heures de sa vie.

— Vous décrivez la maison de son ex-petite amie, m'a dit Sheila. Nous croyons qu'il a quitté cette maison quelques heures avant son décès ce soir-là. Je vais demander à David de chercher la voiture et de nous y amener sans plus attendre.

Nous avons traversé la cité de Newcastle, puis nous sommes arrivés à une rangée de 10 maisons. C'était exactement ce que j'avais « vu ». Tandis que nous nous rangions sur le côté, j'ai entendu Baz qui criait avec colère : « Campbell, Campbell, Campbell ! » Je l'entendais très distinctement dans mon esprit. J'ai confié à Sheila ce que j'entendais. Elle m'a répondu, comme si elle venait de prendre peur :

— Dites à mon Baz de ma part que nous sommes au courant pour Campbell.

— De quoi s'agit-il ? ai-je demandé.

— Campbell est l'un de ses soi-disant amis qui a emménagé avec la petite amie de Baz quelques semaines après son décès.

Pendant une fraction de seconde, le nom d'une rue, Solway Road, s'est inscrit dans mon esprit.

— Amenez-moi à Solway Road, ai-je dit à David, peu importe où c'est, car je sens que Baz est allé là-bas.

— Bonté divine, s'est-il exclamé, Solway Road se trouve à deux pas d'ici.

Tandis que nous nous rendions sur place, j'ai demandé à David de s'arrêter, car je venais d'avoir une autre vision. Je pouvais voir Baz sortir d'une voiture devant moi. On aurait dit qu'il se disputait avec quelqu'un dans la voiture. Je l'ai vu repartir seul, dans la direction opposée. C'était un peu comme regarder un enregistrement vidéo, mais en plein jour. J'ai dit à David ce que je voyais. Il m'a confirmé qu'un ami de Baz avait été témoin de l'incident, et que selon lui c'était un fait bien établi. Les visions et les messages se sont mis à affluer. J'ai insisté pour que David se rende jusqu'au bout de la rue, car je voyais dans mon esprit une rangée de boutiques avec des appartements à l'étage. L'un d'eux se démarquait des autres. J'ai remarqué que l'une de ces fenêtres semblait être en verre fumé. J'ai continué à décrire ce que je « recevais ».

Tandis que nous nous stationnions devant les boutiques, la fenêtre en verre fumé est devenue plus évidente, car quelqu'un avait fait une piètre tentative pour coller du papier adhésif de type Polaroid en travers d'une fenêtre, mais celui-ci avait fait des bulles, lui donnant ainsi une apparence de verre fumé. Cela empêchait toutefois les gens de voir à l'intérieur. Tandis que j'examinais cette fenêtre, l'esprit de Baz me montrait l'intérieur de l'appartement. Je pouvais voir une pièce dans laquelle il n'y avait qu'un canapé avec des motifs bleus et un fauteuil. Je pouvais voir le corps de Baz étendu sur le canapé, à l'endroit même où il est décédé. J'ai décrit à David et Sheila ce que je pouvais voir. Ils m'ont dit qu'ils n'avaient encore jamais mis les pieds dans cet appartement et qu'ils ignoraient ce qu'on y trouverait.

David a dit qu'il pouvait obtenir les clés afin que nous puissions aller jeter un coup d'œil à l'intérieur. Il a téléphoné à quelqu'un et échangé des paroles très dures avec son interlocuteur, exigeant qu'il lui apporte les clés immédiatement. Il m'a ensuite expliqué que le jeune homme qui allait venir nous porter les clés de l'appartement était ce même jeune homme qui avait déclaré avoir été présent aux côtés de Baz au moment de son décès.

David m'a demandé de ne pas mentionner qui j'étais :
— S'il pose des questions, je dirai que vous êtes une parente éloignée, mais j'aimerais que vous écoutiez ce qu'il a à dire au sujet de ces derniers moments, puis que vous me disiez ce que vous pouvez en tirer, si vous en tirez quelque chose.

Le jeune homme est arrivé, pâle, échevelé et émacié. Nous nous sommes assis dans la voiture, mais j'ai eu beaucoup de mal à déchiffrer ce qu'il disait à cause de son fort accent de Tyneside! J'étais assise à côté de lui et j'ai senti qu'il avait peur et nous cachait quelque chose.

Après son départ, j'ai confié à David l'intensité de mes sentiments et le fait qu'il cachait de l'information. David a répondu qu'il avait simplement remarqué à quel point ce jeune homme semblait avoir peur de lui!

Nous nous sommes tous les trois approchés de la porte d'entrée de l'immeuble. Dans l'escalier, j'ai eu une vision de Baz en train de gravir les marches d'un pas chancelant. Une pensée m'a traversé l'esprit : j'ai senti que c'était la seconde et la dernière fois que Baz se rendait à cet appartement au cours de cette soirée fatidique.

En entrant dans l'appartement, il y avait un canapé avec des motifs bleus et un fauteuil dans une pièce à peu près vide, exactement comme je l'avais vu. Tandis que j'examinais le canapé, je pouvais voir la position du corps de Baz et à ses côtés le jeune homme que je venais tout juste de rencontrer. J'ai décrit tout cela à ses parents. Mais lorsque je me suis retournée pour examiner le fauteuil, j'ai aperçu un autre jeune homme. J'ai regardé attentivement et la vision s'est attardée encore un moment. Je pouvais voir cet autre jeune homme se précipiter hors de la pièce dans un élan de panique !

— David, il y a un autre jeune homme ici, ai-je dit en indiquant le fauteuil. Il y avait un autre jeune homme avec votre fils au moment de son décès. En fait, ils étaient deux !

— En êtes-vous sûre ?

— Oui ! Oui ! Je peux uniquement vous transmettre ce que je reçois.

— De quoi a-t-il l'air ?

— Il n'est pas très grand. Il a les cheveux châtain terne, il est svelte, et il porte une casquette de baseball à carreaux bruns et beiges, un blouson d'aviateur et un jeans. Il semble plus jeune que le garçon que nous venons de quitter. J'ai l'impression que ce dernier essaie de le couvrir.

— Je crois savoir qui c'est! s'est exclamé David. Votre description est troublante. Il se peut qu'il s'agisse de son jeune frère, car on les voit souvent ensemble.

J'ai ensuite eu une autre vision de Baz étendu par terre, à moitié mort, se tenant le bras droit après que quelqu'un lui ait injecté une dose mortelle d'héroïne. D'où le problème avec son bras droit.

J'ai commencé à me sentir mentalement épuisée. L'esprit de Baz avait également cessé de communiquer avec moi et je sentais que mes guides spirituels commençaient à s'éloigner. J'ai pris conscience des moments d'agonie que vivaient David et Sheila et j'ai senti qu'il était temps de partir.

David avait enregistré tout ce que j'avais dit. Il est demeuré silencieux un long moment, assis sur le canapé à l'endroit exact où Baz avait poussé son dernier soupir. Il passait sa main sur le bras du canapé, profondément plongé dans ses pensées. J'ai senti qu'il avait besoin lui aussi d'entrer en contact avec l'esprit de Baz. Je l'ai observé, impuissante. Comme j'aurais aimé pouvoir lui donner une idée, ne serait-ce qu'une minute, de ce que je pouvais percevoir de l'esprit de son fils. Mes émotions ont commencé à prendre le dessus et j'ai senti une larme couler sur ma joue.

— C'est tout ce que je peux vous dire pour le moment. Nous y allons?

Une fois la porte de l'appartement franchi, David et Sheila ont commencé à reprendre le contrôle de leurs émotions. Sheila s'est retournée et m'a indiqué l'appartement qui se trouvait en face en disant :

— Étrange, n'est-ce pas ? Mon Baz est né dans cet appartement et il est mort presque au même endroit.

J'ai pensé que pour Baz, la boucle était bouclée. Et cela ne m'a pas surprise, car j'ai entendu tant de récits et d'exemples de synchronicité similaires !

Ils m'ont invitée à déjeuner, après quoi nous sommes retournés à Hebburn Hall, leur grandiose résidence. Tandis que j'étais assise dans la salle de séjour avec David, j'ai à nouveau senti la présence de Baz. Cette communication visait cette fois-ci à remonter le moral de ses parents et à les distraire un moment des événements traumatisants du matin. Il voulait les réconforter en leur envoyant son amour ainsi que des souvenirs de son enfance. Je pouvais sentir la véritable personnalité de Baz. Je leur ai dit que c'était un garçon pétillant et drôle, très populaire et ayant de nombreux amis par ici. Il voulait que je leur dise qu'il était à présent avec sa grand-maman, la mère de son père, qu'il avait rencontrée dans le monde de l'Esprit. Il s'est ensuite remémoré des souvenirs de son enfance en instillant des images photographiques dans mon esprit. La première image le montrait jeune adolescent, se tenant devant un mur de pierre à la campagne. J'ai commencé à décrire cette vision à David en disant :

— Je vois Baz sur une photographie. Il me dit qu'il a 12 ans sur cette photo. Il y a un grand mur de pierre derrière lui. J'entends le nom Northumberland. Est-ce que cette photographie a été prise dans le Northumberland ?

— En effet, a répondu David. Je l'ai amené dans le Northumberland quand il avait environ cet âge. Je peux retrouver cette photo, je sais où elle est. J'y vais et je la ramène.

À son retour dans la salle de séjour, Baz m'avait déjà « montré » une autre photographie : l'un de ses plus beaux souvenirs. Elle était plus récente, car il s'agissait d'une photographie de Baz et de ses copains durant un voyage à Ibiza. J'ai dit à David ce que je venais de recevoir. Il a souri et dit :

— Je pense que nous l'avons elle aussi. Je vais aller voir.

Il était si pressé d'y aller et de trouver cette autre photographie ! Il est revenu, tout sourire, la tenant dans sa main comme s'il venait de trouver de l'or. Il me l'a donnée. Tandis que je la tenais, je pouvais entendre Baz nommer les surnoms de ses copains : « Bonna, Campbell, Sully ». Je les ai identifiés sur la photo. David a souri et confirmé que c'était bien les noms des amis de Baz.

Baz m'a parlé de ses funérailles en disant qu'il avait été très ému de voir le nombre de gens qui étaient venus y assister. Je l'ai entendu presque crier sur le ton de la plaisanterie : « Bonna a mis un complet ! » Il faisait allusion à son meilleur ami, comme s'il n'en revenait pas de le voir porter un complet ! J'en ai fait part à David.

— C'est exact, Angela. C'était la première fois qu'il s'achetait un complet, et bien sûr la première fois qu'il en portait un ! C'est quelque chose qui aurait beaucoup amusé Baz. C'était un régal pour les yeux ! a-t-il ajouté pour plaisanter.

Puis David a semblé se perdre dans ses pensées. J'ai souligné le fait qu'une communication d'une telle intensité venait uniquement d'une très haute vibration d'amour. C'était son amour pour eux que Baz voulait que je leur transmette, non seulement à David et à Sheila, mais à toute sa famille et tous ses amis. David était assis là, et j'ai entendu Baz qui disait : «Dites à papa que je l'aime.» J'ai senti que c'était quelque chose qu'il n'aurait pas été capable de dire de son vivant, car il aimait jouer les machos par bravade. L'expression de David a changé, et ses yeux se sont remplis de larmes. Il a ensuite regardé sa montre, pris conscience de l'heure qu'il était et m'a rappelé qu'il était temps de se mettre en route pour l'aéroport.

C'est durant le trajet vers l'aéroport que David a essayé de m'exprimer ce que lui avaient inspiré les événements de la journée. Quand il m'a demandé dans quel genre de voiture j'aimerais rouler si on m'en donnait le choix, je n'ai pas compris où il voulait en venir avec ces devinettes. Confuse, j'ai répondu :

— À quoi nous avancent toutes ces questions ?

— Répondez-moi ! Que préférez-vous : une Jaguar, une Bentley ou une Rolls Royce ?

J'ai répondu rapidement, sans savoir que ma réponse était inspirée par mon nouvel ami Baz :

— Oh ! je voudrais une Rolls.

— Quelle couleur ?

J'ai compris que Baz influençait mes pensées lorsque j'ai répondu :

— Baz me dit d'y aller pour la couleur or, une Rolls Royce dorée.

— Comme c'est étrange, a dit David. On m'a offert d'acheter une Rolls Royce couleur or quand Baz était encore avec nous. Je me demande si elle est encore à vendre !

— Mais de quoi parlez-vous au juste ?

— Vous allez revenir à Newcastle, m'a-t-il annoncé, comme s'il s'agissait pratiquement d'un ordre. Et à votre retour, je vous conduirai dans une Rolls Royce dorée ! C'est une promesse ! Si vous saviez à quel point j'ai apprécié votre visite parmi nous aujourd'hui ! C'est le moins que je puisse faire. De plus, je suis sûr que de nombreuses personnes ici à Newcastle voudront vous rencontrer.

Nous nous sommes dit au revoir. La journée avait été un feu roulant d'événements à la fois remarquables et phénoménaux. Je n'oublierai jamais Baz.

J'ai essayé de ne pas penser à la tristesse de toute cette affaire mais plutôt à la beauté de la communication qui avait lieu. J'étais submergée par les émotions. J'étais à bord de l'avion, en route vers chez moi et sa relative normalité. Je pouvais imaginer que mes enfants cesseraient de m'appeler la « détective médium » pour me rebaptiser la « détective médium volante ». Voilà, j'ai trouvé le titre de mon prochain livre !

De retour chez moi, j'ai repris ma routine en préparant le dîner pour mes enfants. Puis mon fils, grand amateur de football, est rentré et m'a demandé :

— Où étais-tu toute la journée, maman ? J'ai essayé de te téléphoner.

Je lui ai lancé un regard, car je lui avais dit où je me trouverais ce jour-là. Mais comme d'habitude, cela lui était rentré par une oreille et sorti par l'autre. Alors j'ai répondu d'un air nonchalant :

— Oh ! j'ai pris un avion pour Newcastle-upon-Tyne, résolu une affaire de meurtre et je suis rentrée juste à temps pour vous préparer un spaghetti bolognaise.

— Génial! Peux-tu mettre du fromage sur le dessus, maman?

Toute cette affaire lui était passée par-dessus la tête. Et j'ai pensé en moi-même : «me voilà de retour sur terre!»

Plus tard, il m'a demandé si j'avais vu le monument appelé «l'Ange du Nord».

— Non, malheureusement, ai-je répondu.

— Ce n'est pas grave, maman, tu n'as peut-être pas vu «l'Ange du Nord», mais ils ont certainement vu «l'Ange du Sud», a-t-il ajouté pour me flatter.

— Où veux-tu en venir, mon garçon? ai-je rétorqué, sachant que ce genre de flatterie cachait d'ordinaire une arrière-pensée!

J'ai retenu mon souffle en attendant sa réponse.

— Pourrais-tu me prêter 20 dollars, maman?

«Comme il est prévisible», ai-je pensé!

Ce sont des moments comme ceux-là qui me permettent de reprendre mon souffle et de continuer mon travail avec le monde de l'Esprit. L'humour est une qualité et un mécanisme de survie qui m'a souvent aidée dans mon travail, non seulement en tant que médium, mais aussi lorsque j'ai eu des emplois stressants au cours des 25 dernières années en soins de santé. Je perçois mon travail de médium comme une autre façon de prodiguer des soins. Il m'apporte un grand sentiment de satisfaction, car il me permet de mieux comprendre les peines et les problèmes des gens, d'obtenir de merveilleux résultats et parfois d'assister à de véritables miracles.

Quelques semaines plus tard, Sheila et David m'ont fait une belle surprise en m'invitant à nouveau à

Newcastle pour le week-end. J'ai rencontré de nombreuses personnes et, bien sûr, j'ai eu droit à une Rolls Royce dorée avec chauffeur, achetée en mémoire des messages de Baz.

Le journal de l'Union nationale des spiritualistes, *Psychic News*, s'est montré intéressé à écrire un article sur Baz, et Sheila McKenna a donné le feu vert à sa publication. Chose étrange, nous ne savions pas quand paraîtrait l'histoire dans le journal, mais comme cela arrive souvent dans la vie, je crois qu'il est paru au moment le plus opportun. L'article a non seulement été publié en première page la semaine de l'anniversaire de Baz, mais c'était également la semaine où l'Union nationale des spiritualistes tenait sa réunion annuelle dans le nord-est du pays. C'était un peu comme si Baz avait voulu annoncer à toute la région du nord-est qu'il avait parlé !

Son esprit occupera toujours une place spéciale dans mon cœur. Je ne m'en étais pas rendu compte sur le coup, mais avec le temps Baz a commencé à me rendre de courtes visites et à m'aider à l'occasion à communiquer avec d'autres âmes comme lui. D'autres jeunes hommes du monde de l'Esprit.

J'ai reçu une autre visite inattendue un jour que je devais célébrer un service au Centre David Jones, une église spiritualiste de Stafford. J'ai vu le sourire de Baz apparaître brièvement dans mon esprit. Cela s'est produit alors que je balayais du regard la congrégation avant de donner ma communication. J'ai tout de suite compris que je l'avais «vu» pour une raison précise ! Tandis que mon regard s'arrêtait sur une femme, j'ai entendu la voix de Baz dans mon oreille médiumnique dire : «Elle aussi a un fils dans le monde de l'Esprit. Le voici!» C'est un peu comme si Baz leur ouvrait la porte. J'ai donc transmis un message à cette femme de la part de son défunt fils de 22 ans.

C'est alors que j'ai commencé à comprendre que Baz avait à présent un rôle à jouer dans le royaume de l'Esprit, celui d'aider d'autres jeunes hommes à communiquer avec leurs êtres chers ici-bas. Ce rôle reflétait également sa personnalité, car il avait été très populaire de son vivant. J'ai cru comprendre que notre personnalité demeurait la même dans le monde de l'Esprit, alors il ne fait pas de doute que Baz s'est à présent fait beaucoup d'amis dans l'Au-delà, comme il s'en était tant fait en cette vie.

Ce n'est que plusieurs mois plus tard que j'ai reçu un autre appel de Sheila McKenna. Elle me téléphonait pour me dire que le jeune homme dont j'avais fait la connaissance dans leur voiture avait admis que son plus jeune frère se trouvait dans la pièce avec lui la nuit où Baz est décédé.

J'aimerais remercier Baz pour son amour et son aide. Puisse-t-il poursuivre son bon travail. Qu'il soit béni, ainsi que ses parents et sa famille.

Meurtre par message texte

Il n'est pas toujours nécessaire d'aller sur la scène d'un crime pour ressentir les énergies et recevoir de l'Esprit des informations qui mèneront à sa résolution, comme je l'ai appris au cours de l'incident suivant.

J'étais à la maison quand j'ai reçu un message texte d'une jeune femme prénommée Yvette. Dans ce message, elle m'expliquait que sa mère avait été assassinée en juillet 2005, et que personne n'avait été trouvé responsable. Elle me suppliait de lui accorder mon aide.

J'ai pensé : « Je suis peut-être douée pour la médiumnité, mais pas tellement pour les nouvelles technologies. » J'ai donc décidé de lui téléphoner, les messages textes n'étant pas mon fort ! Je lui ai demandé de ne pas me donner de détails sur le meurtre de sa mère et aussi s'il était possible pour moi d'aller sur la scène du crime. Elle m'a répondu qu'on ne pouvait pas entrer dans la propriété où le meurtre avait eu lieu, car sa mère avait été assassinée sur son lieu de travail et l'immeuble en question était à présent condamné. Nous avons convenu que j'irais dans le Shropshire pour la rencontrer la semaine suivante.

Un soir, une semaine avant mon départ, alors que je regardais une émission de télévision passionnante, cette plaisante distraction a été interrompue par la vision d'un jeune homme portant une casquette de baseball, se tenant devant une rangée de maisons modernes construites près de la route. J'ai senti qu'il avait 22 ans, et j'ai entendu à plusieurs reprises, et également senti, qu'il y avait quelque chose de très troublant au sujet de ce jeune homme et que ce meurtre avait été prémédité. Ce n'était pas un meurtre gratuit. Je suis devenue nerveuse à l'idée de ce que j'allais découvrir lors de ma visite des lieux, étant donné l'intensité de ces premiers contacts. Mais ce n'était pas un hasard si je recevais déjà des informations.

Au cours des jours qui ont suivi, cette vision m'a interrompue à plusieurs reprises pendant que je faisais le ménage, au point de me convaincre qu'il y avait un lien entre cette vision et le meurtre de la mère d'Yvette. La veille de mon départ, j'ai reçu un appel d'Yvette.

— Bonjour, Angela? J'ai quelque chose à vous dire. Il est inutile de venir demain, car la police a arrêté un suspect et porté des accusations.

— C'est une merveilleuse nouvelle, Yvette, mais n'allez pas plus loin. J'ai besoin que vous me confirmiez une information. Depuis notre dernière conversation, je reçois une vision et des pensées récurrentes. Il s'agit d'un jeune homme portant une casquette de baseball devant une rangée de maisons modernes construites près d'une route. Je crois qu'il a 22 ans. J'ai également senti qu'il y avait quelque chose de très troublant à son sujet. Et j'ai cru comprendre qu'il s'agissait d'un meurtre prémédité. Est-ce exact?

— Je n'en crois pas mes oreilles! J'en ai le souffle coupé! Je dois vous dire que j'ai toujours pensé que ma mère avait été assassinée par un homme plus âgé, pour une raison ou une autre. Apparemment, l'homme qu'ils ont arrêté a 22 ans et il porte effectivement une casquette de baseball! Encore plus étonnant, Angela, vous venez de décrire la maison où il habite! Il y a une photo de celle-ci dans le journal local d'aujourd'hui, et ce que vous dites à son sujet... mon Dieu! Il semble en effet très perturbé, car lorsque la police a fait une descente chez lui, ils ont trouvé des dossiers informatiques prouvant qu'il fréquentait régulièrement l'un de ces sites dégoûtants qui expliquent aux gens comment tuer quelqu'un.

— Cela doit être terrible pour vous, Yvette, d'avoir perdu votre mère de cette façon, mais au moins vous savez qu'ils ont arrêté le coupable et porté des accusations contre lui, et je peux vous confirmer qu'ils ont la bonne personne, ai-je ajouté.

— Merci, merci infiniment. Mais néanmoins, j'aimerais beaucoup vous rencontrer, Angela, car je suis une spiritualiste de cœur. Vous êtes incroyable!

— Nous allons peut-être nous rencontrer après tout, ai-je répondu, car je dois me rendre à l'église spiritualiste d'Oswestry dans quelques mois. Je suis impatiente de faire votre connaissance.

Alors que je m'apprêtais à lui dire au revoir, j'ai été interrompue par des «pensées» venant de l'Esprit et j'ai dit:

— Yvette, je veux juste vous dire en terminant que votre mère a beaucoup aimé la chanson que vous avez fait jouer lors de ses funérailles. C'était une chanson d'Elvis, n'est-ce pas ?

Il y a eu un long silence à l'autre bout du fil, puis Yvette a répondu d'une voix tremblante entrecoupée de pleurs :

— Nous avons en effet fait jouer une chanson d'Elvis pour elle. Merci pour tout, Angela, si vous saviez tout ce que cela représente pour moi. J'ai très hâte de vous voir.

La puissance et l'énergie des messages de l'Esprit m'étonneront toujours. Il y a toujours cet élément de surprise, ne sachant jamais à l'avance à quel moment on aura besoin de moi. Je crois sincèrement que l'aide que j'ai apportée dans ces affaires de meurtre est le fruit d'une intervention divine. Je crois très humblement avoir reçu ce don de Dieu. Cela me dépasse et m'inspire un profond sentiment d'humilité, car je ne suis au fond qu'une goutte d'eau dans l'immense océan de Dieu, ayant succombé au pouvoir de sa grandeur.

Un double cas de disparition

Le 12 juillet 2001, alors que s'achevait la fête que j'avais donnée chez moi en l'honneur du troisième anniversaire de naissance de ma petite-fille, le téléphone a sonné. La voix à l'autre bout du fil semblait tendue :

— Bonjour, Angela. Pouvez-vous m'aider, je vous en prie ? Je m'appelle Michelle. Nous nous sommes déjà rencontrées à l'occasion d'une séance. Je suis dans une situation terrible et j'espère que vous pourrez m'aider. Mon fils, Reece, qui a six ans, est porté disparu. Il jouait à l'extérieur de ma maison et il a disparu. J'ai alerté la police et ils le cherchent maintenant depuis quelques heures, mais ils ne l'ont toujours pas retrouvé. Je suis pétrifiée, car il va bientôt faire noir. Je vous en prie, aidez-moi ! Dites-moi où il se trouve si vous le pouvez.

Au moment de son appel, même si nous étions tous en train de célébrer l'anniversaire de ma petite-fille, notre famille vivait elle aussi une crise personnelle majeure. Mon fils, qui avait 22 ans à l'époque et qui souffre d'un handicap mental, avait également été porté disparu quelques jours plus tôt. Ce n'était pas la première fois qu'il disparaissait ainsi, mais chaque fois il était toujours revenu à la maison par la suite. Pour plaisanter, nous disions qu'il aimait faire de longues promenades, mais cette fois, c'était différent.

L'anxiété m'avait mise hors de moi, car il était disparu depuis presque trois jours. Pendant ce temps, j'avais prié et supplié Dieu et mes guides spirituels de me dire où il était, mais je n'avais rien reçu. Je crois qu'à ce moment-là j'étais sous l'effet d'un choc émotionnel et je fonctionnais sur le pilote automatique. Je savais que notre vie familiale devait suivre son cours pendant qu'on poursuivait les recherches à la grandeur du pays, et j'essayais de me garder l'esprit occupé en veillant à satisfaire les besoins des autres autour de moi, car cela m'aidait à tenir le coup et m'empêchait d'imaginer constamment différents scénarios sur les allées et venues de mon fils. Je ne pouvais rien faire contre ce sentiment de complète impuissance. On ne peut pas expliquer ce genre de choses à un enfant de trois ans, alors la fête s'est poursuivie comme prévu.

Ce soir-là, j'étais censée me présenter sur scène au Wolverhampton hall dans le cadre d'un événement caritatif. Je ne pouvais pas laisser tomber tous ces gens ; de plus, mon téléphone portable était tout ce dont j'avais besoin pour recevoir les dernières nouvelles à tout moment.

Après un long silence, ma réponse à Michelle a donc été :

— Ma chère, je suis extrêmement tendue en ce moment. Je ne peux pas vous donner une réponse tout de suite, mais je vous promets que si je « reçois » quelque chose je vous téléphonerai aussitôt. Je vous le promets.

Je voulais raccrocher le plus vite possible, même si j'étais plutôt étonnée par la coïncidence impliquant nos deux fils.

Je pensais bien que mon « canal » était complètement bloqué tandis que je mettais un peu d'ordre après la fête, quand tout à coup j'ai entendu la forte voix de mon guide spirituel me dire : « Il se trouve dans un immeuble. » J'ai immédiatement compris que mon guide faisait allusion au petit garçon disparu et j'ai saisi le téléphone pour annoncer la nouvelle à Michelle.

— Michelle ? C'est Angela. Est-ce qu'il y a un immeuble près de chez vous ? Je sens que votre fils se trouve dans un immeuble.

— Oui, oui ! Il y en a un juste au bout de la rue. Je vais appeler la police et leur dire d'aller y jeter un coup d'œil. Merci, Angela. Je vous rappellerai plus tard et vous tiendrai au courant s'il y a du nouveau.

Peu de temps après, elle m'a téléphoné pour m'apprendre que son fils avait été retrouvé dans un immeuble, comme je l'avais dit. Apparemment, il avait passé un bon moment à jouer dans les ascenseurs, ne se doutant pas un seul instant que tout le monde le cherchait !

C'est alors que je me suis effondrée. Je me suis mise à interpeller Dieu et mes guides : « Vous pouvez me dire où se trouve le fils d'une autre mère, mais pas où se trouve le mien ? Où est mon fils ? Où est-il ? Je veux savoir. » Puis, j'ai fondu en larmes. Tout est demeuré silencieux. Il n'y avait pas de réponse. Je me sentais abandonnée. Ce sentiment d'espoir qui ne me quitte jamais et qui n'était plus qu'une flamme vacillante me disait qu'il devait y avoir une raison pour laquelle ils ne me parlaient pas. J'ai rassemblé tout mon courage et je me suis préparée pour l'événement caritatif qui devait avoir lieu en soirée.

Sur scène, j'ai procédé comme à mon habitude, transmettant des messages adressés à des êtres chers. Durant une pause, une vieille femme s'est approchée et m'a dit que j'avais reçu un don merveilleux. Me rappelant à quel point j'avais de la chance, elle m'a confié qu'elle était médium, elle aussi. Elle m'a dit que pendant que j'étais sur scène, elle avait vu une dame en train de danser autour de moi. Elle m'a dit qu'elle croyait qu'il s'agissait de ma grand-mère.

— Merci, ai-je répondu. Il s'agit probablement de ma grand-mère, Kathleen Murphy, qui était danseuse au temps du music-hall dans les années 1920.

La femme a ensuite saisi mon bas et pointé son index vers mon visage, comme si elle voulait me dire quelque chose de plus sérieux.

— Ah! m'a-t-elle chuchoté à l'oreille. Vous avez crié après l'Esprit, du moins c'est ce qu'on me dit. Je dois vous dire que vous recevrez votre réponse ce soir.

Je l'ai regardée fixement, sans voix, tandis qu'elle disparaissait dans la foule aussi rapidement qu'elle était apparue. De toute évidence, elle avait été envoyée pour moi.

Après le spectacle, je suis rentrée chez moi en voiture en pensant à ce que la femme m'avait dit. Peut-être que mes guides avaient utilisée ce « canal » pour me transmettre leur message. Je priais dans l'espoir qu'elle ne se soit pas trompée. Lorsque j'ai tourné dans la rue où j'habite, j'ai vu ma fille aînée qui surveillait anxieusement les alentours comme si elle attendait mon arrivée. À peine ai-je eu le temps de sortir de la voiture qu'elle se précipitait sur moi pour m'annoncer que mon fils avait été retrouvé sain et sauf. J'ai éprouvé un immense soulagement et fondu en larmes.

— Où était-il? Où était-il passé? Je dois savoir, ai-je crié, tandis que mon soulagement faisait place à un sentiment de frustration.

Je sentais qu'il y avait une raison pour laquelle je n'étais pas censée être au courant de ces allées et venues.

— Apparemment, il était parti à Londres, à l'aventure, c'est du moins ce que j'ai cru comprendre, maman, m'a-t-elle répondu.

J'ai alors compris pourquoi mes guides spirituels ne m'avaient pas dit où il se trouvait. En effet, ils voulaient m'épargner un stress additionnel sachant que j'ai tendance à penser, pour l'avoir vécu personnellement, que les gens disparaissent facilement à Londres et demeurent parfois introuvables pendant des années. Soudain, ce silence de l'esprit prenait tout son sens.

Porté disparu

Par un froid matin de janvier, j'avais prévu de me rendre à Bristol pour rencontrer les parents d'un jeune homme nommé Stuart, dont ils étaient sans nouvelles. C'était tout ce que je savais de lui : son nom et le fait qu'il avait disparu. Cette rencontre avait déjà été retardée à cause du mauvais temps.

Entre l'annulation de notre premier rendez-vous et le choix d'une nouvelle date, une journaliste du magazine *Pick Me Up* m'a téléphoné pour me dire qu'elle était intéressée à écrire un article sur moi et mon travail de « détective médiumnique ». Après lui avoir expliqué que j'étais sur le point d'entreprendre une enquête sur un cas de disparition à Bristol, elle m'a demandé si elle pouvait me rencontrer ainsi que les parents du disparu, et m'observer dans mon travail avec leur permission.

Les parents ont accepté et nous sommes tombés d'accord pour nous rencontrer dans un hôtel de Bristol. Mais ce jour-là, en quittant l'autoroute, alors que j'approchais de l'hôtel, j'ai vu dans mon esprit l'image d'un grand jeune homme, mince et aux cheveux foncés. J'ai tout de suite compris qu'il s'agissait de la personne disparue et que cette communication venait de l'Au-delà

Mon cœur s'est brisé, car je connaissais à présent la réponse à leur situation désespérée. Leur fils n'était plus disparu, puisqu'il était de toute évidence dans le monde de l'Esprit. Je pouvais l'entendre répéter le nom « John ». J'ai compris qu'il s'agissait d'un proche. Ayant toujours ce message en tête, j'ai fait la connaissance de ses parents dans le salon de l'hôtel. La mère de Stuart s'est présentée la première en disant :

— Bonjour, Angela. Je m'appelle Julie et voici John, le père de Stuart.

Tandis que nous prenions place, elle m'a donné une petite photographie de son fils. C'était le jeune homme que j'avais « vu » en quittant l'autoroute. J'ai tenu la photo entre mes mains et la communication a débuté pendant que ses parents m'écoutaient attentivement et que Samanta, la journaliste du magazine *Pick Me Up*, prenait des notes.

Même si je me trouvais dans une situation conflic-tuelle, étant donné que je savais déjà que ce jeune homme était décédé et dans l'Au-delà, je n'étais pas encore prête à le dire à ses parents. Je devais d'abord m'assurer de la façon dont ils réagiraient.

— Julie, ai-je commencé, je sens que votre fils avait un caractère chaleureux. Je vois qu'il est âgé d'une tren-taine d'années. Il aurait eu des contacts avec l'armée. Je crois qu'il a passé six ans dans les forces armées ? Je sens qu'il y a quelque chose en lien avec le 20 et le 21 avril.

— Oui, oui! Angela, je dois vous dire qu'il a effectivement passé six ans dans l'armée et qu'il aura 30 ans cette année, son anniversaire étant le 20 avril, alors que le 21 avril est le jour où nous l'avons porté disparu. Continuez! Continuez!

— Je vois une jetée qui s'avance dans l'eau, ai-je ajouté, car je pouvais encore l'entendre me parler à l'oreille, me racontant qu'il était dans l'eau.

Mais je n'étais pas encore prête à leur annoncer la nouvelle. L'esprit de leur fils me faisait visiter l'endroit où il avait vécu.

— Je vois une route qui mène au sommet d'une colline et un immeuble de trois étages, ai-je ajouté. Je sens qu'il ne vivait pas ici à Bristol, mais qu'il vivait près d'une station balnéaire.

— Vous décrivez l'endroit où il vivait. Il avait un appartement avec vue sur la mer. Il ne vivait pas ici, mais à Plymouth.

L'esprit de Stuart continuait de me montrer la jetée. Je l'entendais qui disait : « Dites-lui, dites-lui. Vous devez lui dire, j'étais dans l'eau. Vous devez lui dire que je suis décédé. Elle a besoin de savoir. »

Sur ce, je suis restée assise en silence et mes pensées se sont mises à tourner dans mon esprit. Je n'avais jamais eu quelque chose d'aussi difficile à annoncer à quelqu'un. Comment dire à cette mère que son fils était mort? En choisissant mes mots de mon mieux, je lui ai dit :

— Julie, est-ce que je peux vous demander quelque chose?

— Bien sûr, a-t-elle répondu avec empressement.

— N'avez-vous jamais senti ou eu l'impression que votre fils pourrait se trouver dans l'Au-delà?

Elle a étiré les bras jusqu'à toucher les miens, et tandis que ses yeux se remplissaient de larmes, elle a dit :

— Angela, je suis sûre à 99 % qu'il est décédé, mais j'ai besoin que vous me le confirmiez.

— Je dois vous dire que c'est l'esprit de votre fils Stuart qui me communique toutes ces informations. Il s'était déjà présenté à moi dans la voiture, juste avant mon arrivée. Il est encore ici avec nous. Il souhaite poursuivre cette communication, ai-je ajouté.

Ses parents se sont regardés en se tenant fermement par la main. Ils ont tous les deux fondu en larmes et mes yeux se sont remplis d'eau. J'ai dû contenir mes émotions pour être capable de recevoir d'autres informations. J'ai alors remarqué que la journaliste se mordait les lèvres. Elle était émue, elle aussi.

— Je vous en prie, continuez, m'a presque suppliée Julie.

— Votre fils me dit qu'il souffrait de dépression. Je sens qu'il était aux prises avec des émotions contradictoires. Je sens qu'il souffrait peut-être de stress post-traumatique étant donné qu'il a servi au cours d'une sorte de conflit armé. L'eau a joué un rôle important dans son décès. On me montre une jetée qui s'avance dans la mer. Je l'entends me dire qu'il est dans l'eau! Il me répète qu'il est dans l'eau, mais il semble avoir déjà vécu quelque chose du genre auparavant. Je l'entends dire : « Je me suis déjà retrouvé dans cette situation. »

Je me suis tournée vers ses parents dans l'attente d'une explication.

Julie semblait inquiète.

— Vous ne pouviez pas le savoir, Angela, mais la police l'a sauvé de la noyade six semaines avant sa disparition. Il s'agissait sans doute d'une première tentative de suicide.

En entendant cela, Samanta, la journaliste, a reçu un tel choc qu'elle en a laissé tomber son stylo. Pendant ce temps, l'esprit de Stuart me pressait de communiquer le message suivant :

— Je vois un insigne de l'armée placé sur la tombe d'une autre personne.

— Apparemment, Stuart a déposé l'insigne de sa casquette sur la tombe de son grand-père peu de temps avant de disparaître.

— Je peux vous assurer qu'il se trouve à présent avec son grand-père, William. Avant de partir, il veut vous dire qu'il était à votre mariage. Vous comprenez ce que cela veut dire ? ai-je demandé, n'étant pas sûre de comprendre moi-même.

Je les ai regardés d'un air interrogateur, car j'avais cru comprendre qu'ils étaient mariés depuis plusieurs années. Ils m'ont regardée à mon tour en souriant tandis que Julie m'expliquait la situation :

— J'ai récemment épousé John, le père de Stuart, pour la deuxième fois ! Nous nous sommes revus 20 ans après notre divorce, et nous nous sommes remariés après la disparition de Stuart. Cela me fait plaisir de savoir qu'il était là. Je veux vous remercier, Angela, pour tout ce que vous avez fait pour nous aujourd'hui. Je vais pouvoir retourner chez moi et vivre mon deuil comme il se doit.

Juste comme je croyais que l'esprit de Stuart avait cessé de communiquer avec moi, il m'a inspiré une dernière pensée avant de partir.

— Stuart veut vous donner un bouquet de fleurs rouges.

Un sourire lumineux est apparu sur ses lèvres, et elle m'a répondu :

— Je viens tout juste de planter un buisson de fleurs rouges en l'honneur de Stuart.

Elle m'a à nouveau remerciée et nous nous sommes embrassés avant de nous quitter.

Bien que l'information reçue ce jour-là ait attristé tous ceux présents, j'ai trouvé une certaine consolation dans le fait d'avoir permis à ces gens de tourner la page. Et il s'agissait du premier cas de disparition résolu par l'esprit de la personne disparue. L'esprit d'un disparu dans le monde de l'Esprit.

Samanta, la journaliste, m'a fait sourire ce jour-là quand elle m'a dit qu'elle était totalement subjuguée par ce qu'elle venait d'entendre. Elle m'a dit qu'elle n'avait jamais rien vu de tel. Et c'était son premier véritable reportage, car elle occupait ce poste depuis relativement peu de temps. C'est durant le déjeuner qu'elle m'a demandé presque en s'excusant si je voulais bien faire la même chose pour elle. Quelque part entre l'entrée et le pouding, j'ai pu lui transmettre un adorable message de sa grand-mère bien-aimée ! C'est à la suite de ces événements, après avoir bavardé un moment avec le photographe qui est arrivé un peu plus tard, que je suis devenue chroniqueuse pour le magazine *Chat — It's Fate*. Ce fut une rencontre décisive en effet !

Raconter au monde entier

Le 10 décembre 2002, un an jour pour jour après le décès de ma sœur, j'ai reçu un appel d'un recherchiste de l'émission *Kilroy* m'invitant à être l'un des principaux invités de Kilroy-Silks lors de l'enregistrement de son émission à Londres. On m'invitait pour parler de mon travail de médium. C'était la première fois qu'on m'invitait à participer à une émission de télévision. Cette invitation m'a remonté le moral, car elle coïncidait avec le jour et l'endroit du décès de ma sœur. C'est donc sans surprise que j'ai appris que l'émission serait enregistrée la semaine suivante, le jour même où elle avait été incinérée un an plus tôt.

Je trouvais réconfortant de penser que son esprit avait joué un rôle dans tout cela. J'ai beaucoup apprécié l'expérience, et c'était la première fois que je parlais de mes croyances devant un auditoire aussi important. On m'a posé des questions et certains se sont un peu moqués de moi, mais de façon très diplomate, sous la supervision du charmant et très professionnel Robert Kilroy-Silks. Il m'a semblé moins sceptique que ce à quoi je m'attendais, car à la fin de l'émission, il a résumé de façon très positive l'expérience personnelle d'un invité avec la médiumnité.

Je commençais tout juste à « raconter au monde entier », en donnant aux gens matière à réflexion et en touchant des millions de téléspectateurs par le biais de mon « don » et de mes connaissances de l'Au-delà grâce au pouvoir des médias. Et j'étais sur le point de le faire sur une échelle encore plus grande.

Au début, je n'étais pas certaine d'accepter l'invitation de la station de radio *Kerrang!* qui m'offrait de participer à l'émission de fin de soirée de Tim Shaw. Ils allaient devoir me pardonner mon ignorance, car je n'avais jamais entendu parler de *Kerrang!* ou de Tim Shaw avant ce jour-là, mais j'ai finalement accepté. Ils m'ont demandé s'ils pouvaient m'interroger sur mon travail de « détective médiumnique », car ils avaient lu dans la presse que j'avais aidé la police à résoudre des cas de meurtre.

J'ai rapidement découvert de quel genre de station il s'agissait! Quand j'ai mentionné son nom à mon fils, il a paru surpris. Il m'a dit qu'il avait du mal à croire que j'allais me retrouver à l'antenne d'une station heavy metal! Il était un peu inquiet, car il savait que ce genre musical n'était pas mon truc.

— Tant pis, je n'aurai qu'à leur dire que j'ai Jimi Hendrix avec moi! ai-je répondu en essayant de faire contre mauvaise fortune bon cœur avec mon sens de l'humour habituel.

Le soir de l'enregistrement est vite arrivé. J'ai passé des heures, comme d'habitude, à me demander ce que j'allais porter. J'ai finalement opté pour une tenue conservatrice — un tailleur — qui était un peu mon uniforme habituel pour travailler avec le monde de l'Esprit. En arrivant à Birmingham, j'ai allumé la radio et syntonisé l'émission *Kerrang*! J'ai commencé à m'inquiéter quand j'ai entendu l'animateur annoncer qu'il allait bientôt recevoir « Angela *McGhoulies* », la femme qui parle aux morts! J'avais à présent des doutes sur le but véritable de cette entrevue. J'ai téléphoné à la productrice de l'émission pour lui rappeler que je prenais mon travail très au sérieux et que j'espérais que l'entrevue serait de même nature. Elle m'a assurée qu'il en serait ainsi.

Arrivée à la station de radio, je n'ai pu m'empêcher de sourire : je crois que le monde de l'Esprit voulait s'amuser un peu à mes dépens, car à la réception se trouvait bien en vue une photographie grandeur nature de nul autre que Jimi Hendrix lui-même! J'ai pouffé de rire et commencé à me détendre en entrant dans le studio. J'ai été surprise de voir l'animateur entouré d'un groupe de jeunes gens portant des t-shirts noirs et couverts de piercings, alors que j'étais là avec mon petit tailleur! Au milieu d'eux, je me sentais un peu comme Mère Teresa! L'animateur a même mentionné que c'était la première fois qu'il recevait une invitée qui portait un ensemble coordonné. Je n'ai eu aucun mal à le croire!

L'entrevue s'est bien passée. Ils m'ont tous écoutée avec une grande attention, même si j'ai remarqué quelques signes de perplexité chez un ou deux d'entre eux lorsque j'ai parlé en détail d'une vision que j'avais eue sur la scène d'un crime.

On m'a ensuite demandé, alors que je ne m'y attendais pas, si je voulais bien faire une lecture médiumnique en direct sur les ondes. J'ai accepté. C'était ma première lecture médiumnique sur les ondes radio. J'étais un peu nerveuse, mais j'avais déjà fait des lectures au téléphone pour des personnes qui habitaient relativement loin de chez moi. Cette fois, c'était un peu différent, car je savais qu'un grand nombre de gens m'écoutaient. Comme d'habitude, j'ai tout simplement mis toute ma foi et ma confiance en ceux qui se trouvent dans le monde de l'Esprit. J'espérais qu'ils viennent à mon aide, et c'est ce qu'ils ont fait, lorsque j'ai commencé à parler à un jeune homme à l'autre bout du fil.

— On me dit que vous avez un grand-père dans l'Au-delà, du côté de votre père. Bonté divine! Votre grand-père était un homme imposant. Si je devais le décrire, je dirais qu'il me donne l'impression d'être un gentil géant, ai-je commencé.

Le jeune homme, visiblement nerveux, a répondu en bégayant :

— Oui. J'ai un grand-père qui est décédé et c'était effectivement un homme imposant.

— Votre grand-père me dit que vous avez abandonné non pas un, mais deux cours à l'université.

— Je n'arrive pas à le croire, m'a-t-il répondu en riant nerveusement avant de reconnaître qu'il avait effectivement abandonné deux cours à l'université!

J'ai remarqué que l'animateur et les jeunes gens qui l'entouraient me regardaient avec des yeux ronds.

— Votre grand-père veut que vous complétiez vos études universitaires. Il me parle également de rugby. Jouez-vous au rugby?

— Oui, en effet.

— J'aperçois une montre. Je crois que vous possédez une montre qui appartenait à votre grand-père.

— C'est vrai. Vous êtes absolument incroyable ! a-t-il ajouté, tandis que le ton de sa voix se transformait à mesure que sa surprise devenait de plus en plus grande.

J'ai eu beaucoup de plaisir à le mettre en contact avec son grand-père. En gros, son grand-père lui disait d'arrêter de perdre son temps et de terminer ses études universitaires !

Cette soirée s'est avérée très instructive non seulement pour moi, mais aussi pour les jeunes gens qui étaient présents et m'écoutaient. Cette expérience leur a littéralement ouvert les yeux. Alors que je m'apprêtais à partir, la productrice m'a rappelé que la photographie qu'ils avaient prise de moi serait affichée sur leur site Internet, si jamais je voulais y jeter un coup d'œil.

Quelques jours plus tard, je me suis finalement branchée sur leur site Internet pour la première fois. Je me suis souvenue du commentaire de l'animateur au sujet de mon ensemble coordonné en examinant les photographies de ses invités précédents : une série de jeunes femmes à moitié nues et de reines du porno ! C'est peu dire que j'étais la première invitée dont les couleurs étaient coordonnées : j'étais carrément leur première invitée avec quelque chose sur le dos ! Mais tout compte fait, j'ai quand même vécu une expérience fascinante.

J'ai plus tard participé à l'émission de *Janice Long Show* sur les ondes de la BBC Radio pour discuter de mon travail de « détective médiumnique ». Janice avait lu des articles sur moi dans la presse ; je faisais à présent l'objet d'une importante couverture médiatique à la grandeur du pays. Certains me surnommaient « la détective médiu-mnique des Midlands » et d'autres « la Miss Marple du monde de l'Esprit ». Une publicité qui m'a valu une série d'invitations pour participer à des émissions de radio. L'une de ces invitations était reliée à ma première tournée dans des amphithéâtres, où seule sur scène, je racontais des histoires et transmettais des messages du monde de l'Esprit adressés à des gens dans la salle.

Je me produisais ce soir-là au théâtre Prince of Wales de Cannock. La salle a commencé à se remplir et je pou-vais entendre de ma loge les membres de l'auditoire s'agiter et remuer. Je m'étais préparée pendant quelques heures avant de me lancer dans cette nouvelle entreprise. J'allais me présenter devant des milliers de personnes et ce n'était pas quelque chose dont j'avais l'habitude. J'avais prié pour que tous mes êtres chers dans le monde de l'Esprit soient présents avec moi sur la scène et me vien-nent en aide. J'ai écouté l'animateur faire ma présentation tandis que j'attendais dans les coulisses. Je pouvais sentir les énergies de l'auditoire atteindre de nouveaux som-mets. C'était très puissant. Au lever du rideau, une belle surprise m'attendait : les esprits de ma sœur et de ma grand-mère se tenaient au milieu de la scène, me faisant signe d'approcher avec enthousiasme, comme si elles étaient, elles aussi, impatientes de commencer. J'ai eu envie de pleurer, mais je me suis ressaisie et je me suis avancée vers l'auditoire.

J'ai toujours tendance à m'absorber dans ce que je fais et à me souvenir uniquement du premier et du dernier message lorsque je me retrouve à communiquer à un haut niveau vibratoire, n'étant plus qu'un outil entre les mains de l'Esprit, dans un état proche de la transe durant une bonne partie la soirée. Mon premier visiteur de l'Au-delà s'est avéré être une grand-mère irlandaise du comté de Galway, qui voulait entrer en contact avec une dame assise dans la première rangée. J'ai pointé la dame du doigt et je lui ai demandé qui était Peter.

— C'est lui, a-t-elle répondu en indiquant l'homme assis à côté d'elle.

— Et qui est Mary ?

— C'est moi, a-t-elle répondu.

Les gens dans la salle n'ont pu contenir leurs rires en les voyant s'échanger un regard rempli d'inquiétude.

— Il est donc évident que votre grand-mère veut vous parler à tous les deux, ai-je ajouté.

Sa grand-mère a confirmé ce qu'elle savait de leur vie respective, et ce, même si elle était décédée depuis déjà quelques années, car l'Esprit se manifeste souvent pour confirmer sa connaissance des événements récents.

Ce fut un spectacle mémorable, qui a connu une finale comme aucune autre. Alors que je venais de remercier les membres de l'auditoire et de leur dire bonsoir, tandis qu'ils m'applaudissaient et que je me dirigeais vers les coulisses en pensant que mon travail pour le compte de l'Esprit était terminé, je me suis surprise moi-même à retourner précipitamment au milieu de la scène. La voix d'un petit garçon de l'Au-delà me suppliait de revenir en disant : « Je t'en prie, ne pars pas ! Ne pars pas ! »

J'ai regardé en bas et entre les allées. Je pouvais voir l'esprit d'un petit garçon qui venait dans ma direction au volant d'un tracteur jaune. Il était évident qu'il avait désespérément besoin de communiquer. Je me suis surprise à dire aux gens dans la salle, dont la moitié étaient déjà debout et s'apprêtaient à partir :

— S'il vous plaît, ne partez pas encore ! J'ai ici un petit garçon qui cherche désespérément à communiquer avec quelqu'un. Je vois un petit garçon sur un tracteur jaune et on me dit qu'il voudrait parler à une dame qui se trouve dans la salle ; je sens que cette dame n'est pas sa mère, mais je crois comprendre qu'elle le connaît. Il fait de gros efforts pour me transmettre son message.

Les gens dans la salle sont demeurés figés sur place. J'ai pointé du doigt une dame portant un manteau rouge. Elle a dit qu'elle le connaissait et souhaitait répondre à l'appel du petit garçon. Je lui ai demandé s'ils étaient membres de la même famille. Elle m'a répondu qu'elle était sa tante et qu'elle devait rencontrer sa mère le lendemain. Je lui ai confirmé que le petit garçon était mort dans un accident, que son tracteur jaune était entreposé dans une remise de jardin, et que son décès remontait à quelques années. Il voulait envoyer son amour à sa maman et lui dire que tout allait bien à présent. Et aussi qu'il avait retrouvé sa grand-mère dans l'Au-delà et qu'elle veillait sur lui.

— C'est tout ce qu'il a à dire, alors bonsoir et que Dieu vous bénisse, ai-je conclu.

Le public s'est à nouveau mis à applaudir, mais cette fois j'ai senti que c'était pour ce petit garçon qui avait été la véritable vedette de ce spectacle.

Tout s'était passé si rapidement que je ne me souvenais même pas d'avoir reçu le signal du technicien pour conclure. J'étais convaincue d'avoir terminé plus tôt que prévu. J'ai demandé au technicien si j'avais été trop brève.

— Pas du tout, ma chère. En fait, vous avez dépassé votre temps d'une demi-heure! m'a-t-il répondu, me confirmant ainsi à quel point j'étais en transe sur scène.

Ce spectacle me réservait une autre surprise, mais je ne m'en suis rendu compte que plusieurs mois plus tard lorsque j'ai reçu un courriel d'une journaliste de la BBC, Jules McCarthy, qui était présente dans la salle ce soir-là et qui avait reçu, à sa grande surprise, un message très profond de la part de son grand-père bien-aimé aujourd'hui décédé. Elle avait été si impressionnée qu'elle était retournée à la BBC pour recommander qu'on me donne du temps d'antenne.

Peu de temps après, j'ai été invitée à participer à quelques émissions du *Keith Middleton Late Show*, ainsi qu'à son émission du samedi après-midi. Keith m'a dit qu'il aimerait me trouver un créneau régulier. Finalement, il m'a proposé de venir à la radio et de faire des prédictions avant chaque match de l'Angleterre durant la Coupe du monde.

C'était un défi que je ne pouvais pas refuser! Keith avait jeté le gant. Alors j'ai accepté de le faire, même si cela voulait dire mettre mon «don» à l'épreuve. Mais ces invitations pour travailler à la radio et dans les médias étaient destinées à se produire de toute façon.

On m'a présentée pour la première fois aux auditeurs une semaine avant le début de la Coupe du monde. On m'a demandé de faire des prédictions au sujet du match préparatoire entre l'Angleterre et la Jamaïque. J'ai essayé de mon mieux de sensibiliser Keith à mon don et à la médiumnité en général. Je lui ai expliqué que ce don devait servir à aider les gens dans le besoin, et non ceux qui cherchent à s'enrichir. Allais-je toujours donner le bon résultat final? Peut-être pas, mais si c'était le cas la moitié des parieurs de ce pays se précipiteraient chez les preneurs de paris pour gagner facilement beaucoup d'argent! La vie n'est pas une affaire de gros sous, ni mon don d'ailleurs. De plus, le monde de l'Esprit allait sûrement vouloir prouver son existence d'une façon ou d'une autre en cours de route.

Donc, dès notre entrée en ondes, j'ai expliqué que je tenais dans mes mains une photographie de mon défunt grand-père, Jack Gavin, qui avait été footballeur dans sa jeunesse. J'avais prié toute la semaine en lui demandant de venir et de me donner quelques conseils ou tuyaux, car j'avais désespérément besoin de son aide. Juste comme je venais de terminer mon explication, j'ai entendu la voix de mon grand-père dans mon oreille. Il criait avec beaucoup d'enthousiasme : «C'est le géant! C'est le géant!» Il faisait allusion à Peter Crouch, un joueur de l'équipe d'Angleterre qui mesurait plus de deux mètres. J'ai ensuite eu une vision de Peter Crouch en train de célébrer en dansant comme un robot une danse qu'il faisait à l'époque, chaque fois qu'il marquait un but. Je me suis tournée vers Keith et je lui ai dit :

— Keith, c'est mon grand-père. Il me parle du «géant», Peter Crouch. Ma prédiction est que nous allons voir Peter Crouch faire sa danse du robot à plusieurs reprises au cours de ce match.

J'ai quitté les ondes sur ces mots, et quelques minutes plus tard, Peter Crouch marquait son premier but. Le premier de ses trois buts ce jour-là. Quel tour du chapeau, et quelle victoire pour le monde de l'Esprit!

Mes prédictions au sujet de ce match ont fait les manchettes. Mais une prédiction encore plus importante s'est avérée exacte, mot pour mot, au cours des semaines suivantes. Cela s'est produit tout juste avant le match de l'Angleterre contre l'Équateur. J'allais faire ma prédiction en ondes quand Keith m'a donné le signal en disant :

— Quelles informations avez-vous reçues pour nous aujourd'hui concernant l'Angleterre, Angela ?

— Aujourd'hui, Keith, ai-je répondu sans même y penser, David Beckham va marquer, l'Angleterre va gagner et le Portugal sera notre prochain adversaire.

Ces paroles inattendues sont sorties de ma bouche comme les balles d'un revolver. Ou plutôt comme des pensées voyageant à la vitesse de la lumière.

Environ 90 minutes plus tard, tout ce que j'avais prédit s'était réalisé : Beckham avait marqué un but, l'Angleterre avait gagné et le Portugal s'était qualifié pour devenir le prochain adversaire de l'Angleterre !

J'ai dû attendre une semaine avant de connaître la réaction de Keith. Keith a déclaré que mes prédictions lui avaient donné la chair de poule. Il m'a présentée en disant que quelque chose de vraiment bizarre s'était produit la semaine dernière. Puis, il a expliqué à ses auditeurs le résultat de mes prédictions. J'ai même eu droit à des applaudissements préenregistrés.

— Comment le saviez-vous ? m'a-t-il demandé d'un air interrogateur.

— Grâce à la vitesse de la lumière, Keith. Grâce à la vitesse de la lumière, ai-je répondu pour entretenir sa confusion !

Mes prédictions durant la Coupe du monde se sont avérées dans l'ensemble plutôt réussies; malheureusement plus réussies que les efforts de l'Angleterre!

Peu de temps après, j'ai été approchée par une réalisatrice qui tournait un documentaire sur les enfants médiums pour Channel 4. Elle voulait faire appel à mon expertise et mes connaissances pour entrer en contact avec un de ces soi-disant enfants médiums, sans toutefois le rencontrer personnellement. Elle voulait que j'aille chez lui et que je rencontre sa mère pour évaluer la situation en procédant à une inspection psychique de la maison afin de confirmer que l'enfant vivait effectivement des expériences médiumniques ou était à tout le moins témoin d'expériences de ce genre. Je ne devais même pas savoir si l'enfant était un garçon ou une fille.

Apparemment, la réalisatrice avait déjà tourné avec un certain nombre de médiums et elle en était arrivée à la conclusion que les résultats n'étaient pas satisfaisants. La réalisatrice m'a dit qu'elle comptait sur moi, car le temps dont elle disposait pour le tournage tirait à sa fin.

Même si on ne m'avait donné aucun détail, cela ne me dérangeait pas, car je préfère à l'occasion travailler « à l'aveugle ». Cela m'aide à ne pas confondre les pensées qui me viennent de l'Au-delà avec des faits déjà connus. Je suis arrivée dans un quartier de Birmingham où j'ai fait connaissance avec l'équipe de tournage et de Jenny, la mère de l'enfant. Elle m'a ouvert la porte en me souhaitant la bienvenue. Tandis que je marchais dans le corridor, j'ai tout de suite été très attirée vers le haut de l'escalier. Comme j'avais prévu de faire dans un premier temps le tour du rez-de-chaussée, j'ai gardé pour moi ces premières impressions. J'ai passé plusieurs minutes à arpenter la salle de séjour. Je ne sentais absolument rien, pas même le plus petit changement dans le champ énergétique, mais mon attention a été attirée par plusieurs photographies d'enfants sur le mur. J'ai indiqué l'une d'elles. C'était la photographie d'un jeune garçon d'une dizaine d'années.

— C'est votre fils, l'enfant médium.

— Oui, c'est lui, m'a répondu Jenny en souriant.

— J'ai très envie de monter à l'étage, je peux ?

— Bien sûr, ne vous gênez pas pour moi.

Je suis montée à l'étage en m'attardant quelques instants sur le palier. J'ai senti un important changement de température. On aurait dit que je me trouvais au milieu d'un vortex, d'une porte donnant sur le monde de l'Esprit. Je sentais que plusieurs énergies différentes empruntaient ce passage. J'ai eu une vision de son fils apeuré en train de courir sur le palier, puis j'ai senti la présence d'un esprit masculin.

— Jenny, votre fils a parfois peur de sa propre sensibilité, n'est-ce pas ? Je sens qu'il est au courant de ce qui se passe dans ce secteur. Je sens aussi qu'il préfère courir plutôt que de marcher lorsqu'il arrive sur le palier. Je crois qu'il demande souvent à ce qu'on laisse la lumière du palier allumée durant la nuit. Est-ce vrai ?

— Oui, c'est vrai, m'a-t-elle répondu.

— C'est un peu comme une porte donnant sur le monde de l'Esprit. Votre fils voit l'esprit d'un homme. Il ne le connaît pas, mais je sens qu'il s'agit de votre oncle. Je sens que cet oncle est le frère de votre père.

— Oh, mon Dieu! J'ai effectivement un oncle qui est décédé et mon fils a mentionné avoir aperçu un homme à cet endroit!

Je lui ai indiqué précisément l'endroit où l'esprit s'était manifesté. Je lui ai demandé si elle avait remarqué un changement de température à l'occasion, en lui expliquant qu'elle pouvait fluctuer de façon extrême lorsque l'Esprit est dans les parages. L'Esprit peut également créer des mouvements dans l'atmosphère, souvent sous forme d'une brise légère qui nous effleure en passant.

— C'est pourquoi je sens que votre fils dit avoir la sensation que quelqu'un l'effleure ou lui touche le visage.

— Oui, il m'en parle souvent! m'a répondu Jenny.

Je me suis sentie fortement attirée vers la chambre du garçon où j'ai senti la présence d'un autre visiteur venu du monde de l'Esprit, ayant entrevu pendant quelques secondes un jeune garçon qui devait avoir le même âge que le fils de Jenny. Il portait un chandail bleu marine, une chemise bleue et des culottes courtes grises. J'ai décrit à Jenny ce que je voyais.

— Il m'a parlé récemment pour la première fois d'un garçon qui vient dans sa chambre et se tient près de son lit. En fait, il se tient exactement où vous êtes présentement, a-t-elle dit.

— Il semble évident que ce garçon a vécu à une autre époque si je me fie à ses vêtements.

— C'est étrange, en effet, car mon fils le décrit comme quelqu'un qui porte de « vieux » vêtements.

J'ai expliqué à Jenny que la sensibilité de son fils ne se résumait pas à absorber les énergies qui se trouvaient entre les quatre murs de leur maison. Mais c'est alors que m'est revenu un souvenir de ma propre enfance. L'Esprit me montrait que nous avions un lien médiumnique mutuel, et là-dessus j'ai ajouté :

— Votre fils ne voit pas seulement des esprits ici, mais aussi ailleurs. Et on me dit qu'il sent la présence d'enfants de l'Au-delà avec lui à l'école.

— C'est exact. Il a mentionné les avoir également aperçus à l'école.

J'ai continué à parler avec Jenny des phénomènes dont son fils était conscient et des expériences parapsychiques que j'avais moi-même vécues durant mon enfance. C'est durant cette discussion qu'un lien a commencé à s'établir entre moi et Jenny, lorsqu'une dame venue de l'Au-delà a demandé à communiquer avec elle. Ainsi s'est amorcée une séance personnelle imprévue au moment où cette dame commençait à communiquer son message. Il s'agissait de la grand-mère de Jenny. Elle disait être très fière de Jenny et de ses études universitaires qui allaient la mener à travailler dans le domaine des soins de santé. Sa grand-mère lui a également dit de ne pas se laisser emporter par la frustration, car elle finirait par réussir. Jenny était troublée. Elle ne s'attendait pas à recevoir un message, mais elle a confirmé tout ce que je lui avais dit.

Après cette charmante interruption, nous avons discuté des avantages et des inconvénients d'avoir un « canalisateur » dans la famille, et je lui ai conseillé de laisser son fils parler de ses expériences sans mettre l'accent sur ces événements. Cela devrait permettre au don de l'enfant de se développer de façon naturelle sans l'effrayer. Je ne doutais pas un seul instant que les choses se déroule-raient ainsi, car elle avait vraiment un enfant doué pour la médiumnité.

Les événements de la journée m'ont rappelé l'époque où je travaillais pour une entreprise œuvrant dans le domaine de la « médiumnité ». On m'avait engagée comme médium pour amener des touristes à divers endroits historiques tard durant la nuit, dans l'espoir de découvrir des esprits du passé et de communiquer avec eux. C'est ce qui s'est produit à de nombreuses occasions, mais mes patrons n'avaient pas songé qu'il était possible de rencontrer non seulement des esprits reliés à des événements historiques, mais aussi dans certains cas les êtres chers de ces touristes ! Voilà qui ajoutait un élément de surprise supplémentaire à l'événement !

J'ai fait de merveilleuses découvertes durant ces soi-rées passées à visiter des halls, des manoirs et des châteaux et à divertir des touristes. L'histoire du fils de Jenny démontre, contrairement à ce que certains pensent, que ce n'est pas toujours vrai que l'énergie de l'Esprit se mani-feste davantage dans des endroits historiques que dans des maisons ordinaires. Tout dépend si l'esprit souhaite se faire connaître.

Une découverte en particulier dans un immeuble his-torique nous a fait vivre un événement inattendu, mais maintenant que j'y repense il y avait une raison évidente à tout cela. C'était à l'époque du lancement de la chaîne BBCi : une chaîne d'information locale pour les téléspec-tateurs branchés sur le câble, sur satellite et sur Internet. La scène s'est déroulée à Oak House dans le West Bromwich, une maison construite au XVIIᵉ siècle.

Tard, un soir d'octobre, on m'a demandé de visiter cet édifice pour voir si je pouvais sentir la présence d'un esprit ou d'une activité inhabituelle et confirmer de qui ou de quoi il s'agissait. Une journaliste m'attendait là-bas, équipée de toutes sortes d'appareils vidéo et audio qui lui donnaient une allure d'homme-orchestre (ou dans ce cas précis, de femme-orchestre!). J'ai ensuite été présentée au conservateur et à une historienne. L'historienne devait intervenir durant le tournage pour confirmer mes dires et réagir aux informations et aux détails que je recevrais de l'Esprit. Le conservateur, qui semblait très sceptique, a déclaré que je connaissais peut-être déjà l'histoire de cet édifice, étant donné toute la publicité qui l'entourait. En fait, je n'avais jamais rien lu sur son histoire, même si je le connaissais de nom.

J'ai retenu ses propos et demandé à mes guides de m'aider à le déstabiliser. Tandis qu'ils étaient près de moi, et juste au moment où la journaliste épinglait mon micro au revers de ma veste, je lui ai dit aussitôt :

— Denniston, près de Glasgow.

Elle a poussé un petit cri et failli laisser tomber le micro.

— Ma famille vient de Denniston près de Glasgow! C'est incroyable!

Je me suis rendu compte que, même si l'historienne semblait aussi étonnée que la journaliste, le conservateur avait eu l'air surpris pendant un moment mais n'était pas encore convaincu.

Nous avons commencé la visite des lieux. J'ai tout de suite senti l'esprit d'une femme au milieu d'un grand escalier. On m'a confirmé que plusieurs personnes l'avaient aperçue au même endroit. J'ai reçu un nom qui ressemblait à « Burton », mais c'était en fait « Turton ». J'ai senti que cette dame était un membre d'une famille qui avait vécu ici, il y avait de cela plusieurs siècles. J'ai également senti de la fumée. On m'a confirmé qu'il y avait eu un incendie dans la maison à un certain moment de son histoire. Pendant ce temps, je continuais à percevoir différentes énergies.

Le conservateur a continué à nous suivre et à nous écouter attentivement en conservant un visage à peu près inexpressif. Puis, tout à coup, j'ai eu très envie de regarder par la fenêtre qui donnait sur les vastes pelouses éclairées par des projecteurs. J'ai eu une vision : je pouvais « voir » qu'à l'endroit où s'étendaient à présent ces pelouses s'élevait un vieux cottage noir et blanc à un moment donné. Je me suis tournée vers l'historienne et le conservateur pour leur décrire ce que je voyais. Je leur ai également dit que je sentais la présence d'un certain M. Baker qui me disait quelque chose à propos de « 25 ans », mais je sentais que ce monsieur appartenait à une époque beaucoup plus récente.

— Bonté divine ! s'est exclamée l'historienne en se tournant vers le conservateur. Elle parle de M. Baker, notre vieux concierge, qui habitait le cottage qui a été démoli et qui se trouvait exactement à cet endroit, exactement à l'endroit que nous indique Angela. Il a été notre concierge pendant 25 ans à partir des années 1970.

Elle s'est à nouveau tournée vers le conservateur, connaissant son scepticisme, et lui a dit sur un tout autre ton :

— Ce genre d'information ne se trouve dans aucun livre sur l'histoire de cette maison, mais dans le registre des employés, et le public n'y a pas accès.

Le conservateur était sans voix! Je sentais que j'avais prouvé mon point! Et je suis repartie ce soir-là en remerciant tout le monde, y compris mes guides spirituels.

Mon plus gros auditoire était encore à venir. Grâce au pouvoir combiné de l'Esprit et des médias, je peux à présent «raconter au monde entier», exactement comme on me l'avait prédit il y a de cela plusieurs années. Tout s'est mis en place lorsque j'ai tourné un documentaire sur mon travail de «détective médiumnique» dans le cadre d'une série intitulée *Psychic Investigators*. Cette série porte sur des crimes qui ont été résolus grâce aux efforts conjugués d'un détective et d'un médium possédant des pouvoirs paranormaux. Ces émissions mettent les sceptiques au défi d'expliquer l'inexplicable, et pour ceux qui croient au paranormal, elles confirment qu'il existe bel et bien un monde mystérieux au-delà des faits observables.

Psychic Investigators est aujourd'hui diffusé dans plus de 90 pays à travers le monde. Mon Dieu! Je m'adresse vraiment au monde entier, et j'espère pouvoir continuer à le faire.

Grâce à la diffusion de cette série, on m'a offert de participer de façon régulière à une émission de radio américaine intitulée *The Afterlife Show*. Cela n'a pas toujours été facile, car chaque semaine je devais transmettre à des personnes vivant aux États-Unis des messages de leurs êtres chers aujourd'hui dans le monde de l'Esprit. L'émission était enregistrée en direct à partir de chez moi en Angleterre et diffusée via les ondes radio, l'Au-delà et le pouvoir des dernières trouvailles technologiques. Cela démontre que l'éloignement n'a pas d'importance pour l'Esprit, puisque c'est un fait que le pouvoir de l'Esprit transcende l'univers.

Cela a été pour moi une façon nouvelle et différente de travailler avec l'Au-delà, mais qui m'a permis néanmoins de continuer à apporter aux gens un certain réconfort et finalement la preuve que leurs êtres chers ne sont pas perdus à jamais, qu'ils peuvent communiquer avec eux où qu'ils se trouvent. Même en direct à la radio !

Et la petite ex-pensionnaire de Liverpool en éprouve un profond sentiment d'humilité.

Anges, héros, saints et pécheurs

Chérubin

J'avais très hâte de célébrer l'anniversaire d'une amie au cours du week-end, mais à mon réveil ce vendredi matin-là, j'ai entendu mon guide me dire que ma fille donnerait naissance à son bébé ce même week-end. J'allais être grand-mère pour la première fois. J'ai donc téléphoné à mon amie pour lui expliquer pourquoi je ne pouvais pas assister à la fête. Elle était habituée à ce genre de choses avec moi depuis le temps. Il me restait encore à annoncer la nouvelle à ma fille, à lui dire de se préparer à la naissance de son enfant. Quand je l'ai appelée pour lui dire ce que j'avais entendu, elle était très anxieuse. Elle ne se sentait pas prête et une partie d'elle-même refusait de croire que cela allait vraiment arriver.

— Cela ne peut pas être ce week-end, m'a-t-elle dit. J'ai encore trois examens prénataux à passer. On n'attend pas la venue du bébé avant encore deux semaines. De toute façon, je dois passer un examen cet après-midi. On verra ce que la sage-femme en pense.

Durant l'après-midi, elle est rentrée de son examen prénatal au bord des larmes. Elle m'a expliqué que la sage-femme avait dit avoir remarqué une erreur dans les dates prévues au début de sa grossesse pour l'accouchement. Le médecin avait finalement décidé de s'en tenir à la première date, ce qui voulait dire qu'elle était à présent en retard de dix jours et qu'elle devait donc être hospitalisée dès le lendemain, soit samedi, pour provoquer l'accouchement.

Nous nous sommes présentées à l'hôpital avec nos sacs tôt le lendemain. J'espérais me tromper — l'idée d'un long accouchement était difficile à supporter — mais je n'ai rien dit de ce que je ressentais.

La journée a certainement paru longue. On a transportée ma fille d'un département à l'autre tandis qu'elle attendait le début de ses contractions. Je me suis assise me préparant moi aussi à une longue attente. C'est alors que nous avons rencontré deux autres jeunes futures mères qui semblaient avoir elles aussi des « problèmes » reliés à leur grossesse. Elles ont bavardé avec nous un moment pour chasser l'ennui.

L'une des deux jeunes mères a partagé avec nous son bonheur en disant qu'elle savait déjà qu'elle aurait un garçon. Ma fille lui a demandé si elle avait passé une échographie pour déterminer le sexe de l'enfant, car elle semblait être enceinte depuis relativement peu de temps.

— Non, non, a-t-elle répondu. Je n'ai pas passé d'écho-graphie. Je le sais parce qu'un médium me l'a dit. Je vais avoir un garçon.

Ma fille s'est tournée vers moi et a esquissé un sourire. Mais avant que je n'aie le temps de lui dire de faire preuve d'un peu de discrétion, elle a révélé que j'étais également médium. Les deux futures mères ont ouvert de grands yeux et se sont assises bien droites sur le bord de leur lit.

— Je t'en prie, maman, m'a supplié ma fille. Vas-y, dis-leur quelque chose. On s'ennuie à attendre.

Il lui arrive souvent de traiter mon don comme s'il s'agissait de quelque chose tout juste bon à divertir les gens. Mais cela ne me dérange pas. Alors je me suis pliée à ses désirs, comme d'habitude.

Je voulais simplement leur dire quelque chose de léger pour leur remonter le moral, tandis qu'elles me regardaient comme si j'étais une sorte de magicien sur le point de faire son prochain numéro.

J'ai commencé à sentir quelque chose et j'ai dit à l'une d'entre elles :

— Je «vois» une boutique d'animaux près de vous. Vous avez un grand-père qui est décédé et qui avait un gros berger allemand, je crois.

— Bon Dieu ! s'est-elle exclamée agréablement surprise. Je suis propriétaire d'une boutique d'animaux, et mon grand-père avait effectivement un berger allemand. Je suis contente de savoir qu'il a son chien avec lui à présent.

J'ai senti que je devais m'approcher de l'autre jeune mère et lui dire discrètement quelque chose. Je suis allée près de son lit, et sans réfléchir, je lui ai dit :

— Pourquoi vous êtes ici est évident, mais je «sens» qu'il y a quelque chose en vous, en plus du bébé.

Je savais que je devais lui dire tout cela pour une raison précise, car il était évident que ses guides avaient influencé mes pensées. Tandis que je lui parlais, elle est demeurée assise sur son lit, la bouche grande ouverte, puis elle m'a expliqué sa situation :

— Les médecins viennent tout juste de m'apprendre qu'un fibrome était en train de se développer en même temps que le bébé. Comment avez-vous su ?

— Parce que vous avez une grand-mère, du côté de votre mère, qui est décédée récemment et qui se trouve à présent dans le monde de l'Esprit. Elle veille sur vous et dit que tout ira bien pour vous et le bébé.

J'ai pris sa main. Elle m'a souri avec des larmes dans les yeux. Elle a mis sa main sur la mienne et m'a remerciée en poussant un soupir de soulagement.

Au même moment est survenue une heureuse interruption. Une infirmière est venue chercher ma fille pour l'amener à la salle d'accouchement. Au cours des heures qui ont suivi, les douleurs de l'enfantement ont commencé à se faire sentir. La sage-femme semblait fascinée par mon travail et me posait énormément de questions. Elle m'a expliqué qu'une rumeur s'était rapidement répandue dans tout l'hôpital à l'effet qu'une médium très connue était sur le point de devenir grand-mère. Cette rumeur provenait de toute évidence des jeunes mères à qui j'avais transmis des messages un peu plus tôt.

À présent, ma fille n'était plus aussi impressionnée par ces histoires de médiumnité qu'on échangeait autour d'elle. Elle s'est mise à crier après la sage-femme sous l'emprise de la douleur en lui rappelant qu'elle était sur le point d'accoucher et qu'elle devrait plutôt se concentrer sur elle. Elle avait été quelque peu impolie, mais la sage-femme s'est montrée indulgente, car elle avait l'habitude des jeunes mères souffrantes sous l'influence du gaz et de l'oxygène.

Un quart d'heure avant minuit, la sage-femme a annoncé : « Encore un effort et le bébé sera ici avant minuit. » Je suis restée près de ma fille et de son partenaire, faisant tout ce que je pouvais pour l'encourager à faire ce dernier effort, car elle commençait à montrer des signes d'épuisement. C'est alors que j'ai senti une présence parmi nous. J'ai senti un arôme parfumé et compris qu'il s'agissait de ma grand-mère Kathleen. Je l'ai entendue dire : « Non ! 2 h 35. » Et je me suis surprise à répéter à haute voix : « Non ! 2 h 35. »

La sage-femme m'a lancé un regard furieux. Elle a sans doute pensé qu'il fallait que je sois bien mal élevée pour contredire ainsi son jugement professionnel. La sage-femme a encaissé le coup et dit :

— Non ! N'écoutez pas votre mère. Un dernier effort et le bébé sera ici avant minuit.

Je ne voulais ni être odieuse ni mettre en doute son jugement professionnel. Ma grand-mère savait sans doute que nous étions inquiètes quant au temps que cela prendrait.

Il s'est avéré que le bébé était resté coincé dans la filière pelvigénitale, mais par bonheur, il est finalement venu au monde, beau comme un chérubin, pur et parfait. Ma fille, son partenaire et moi étions trop émus par l'arrivée du bébé pour remarquer la sage-femme en train de regarder l'horloge. Elle semblait troublée. J'ai levé les yeux et vu qu'il était 2 h 35.

J'ai souri, mais j'étais davantage absorbée par les émotions entourant la naissance de ma magnifique petite-fille, car je commençais à prendre conscience de l'arrivée de mes êtres chers venus de l'Au-delà pour jeter un coup d'œil à ce nouvel esprit qui venait tout juste d'arriver sur Terre. J'ai vu ma grand-mère Kathleen qui se tenait près de son lit, souriant à cette petite merveille. Elle a levé la tête et dit : « Elle sera douée, elle aussi. » Alors que j'étais plongée dans mes pensées, j'ai été interrompue par la sage-femme qui me tendait le bébé afin que je puisse le prendre, tandis qu'elle s'occupait de ma fille. Je l'ai prise dans mes bras et j'ai tout de suite compris qu'elle était spéciale.

La sage-femme a ensuite repris le bébé pour le peser. Je lui ai souri et répété ce que ma grand-mère venait de me dire : « 6 livres et 12 onces ».

— Je n'arrive pas à y croire, m'a-t-elle dit en se retournant. Elle pèse 6 livres et 12 onces.

Il y avait de la frustration dans sa voix, comme si elle voulait trouver une explication rationnelle, mais n'y arrivait pas.

J'ai haussé les épaules, l'air de m'excuser, et je suis retournée m'occuper de cet autre petit miracle de la vie, ma magnifique petite-fille.

Ma grand-mère m'a fait au revoir de la main à sa manière si particulière, avant de disparaître à nouveau.

J'ai compris que j'avais la chance d'avoir un autre enfant doué dans la famille.

Les rumeurs qui circulaient dans les différentes salles ont continué à se répandre au cours des semaines qui ont suivi, et par conséquent j'ai été inondée d'appels et de visites de la part du personnel hospitalier.

Nos êtres chers nous rendent visite non seulement quand nous avons du chagrin ou pour aider les personnes que nous aimons à passer dans l'autre monde, mais aussi quand nous célébrons des événements heureux.

Quant à ma petite-fille, nous l'avons appelée Kathleen, en l'honneur de son arrière-arrière-grand-mère. En grandissant, elle a exprimé à de nombreuses occasions sa sensibilité à l'Esprit, comme le font souvent les enfants doués et comme je l'ai fait moi-même lorsque j'étais enfant. Ma fille et moi comprenons cela, même si d'autres n'y arrivent pas toujours, et nous l'acceptons. Nous savions, par exemple, qu'elle vivait une expérience spirituelle quand elle a commencé à nous parler des « lumières étincelantes » qui lui rendaient visite durant la nuit. De même, lorsqu'elle nous a parlé d'un petit garçon avec lequel il lui arrivait de jouer. Nous savions toutes les deux que ce n'était pas un « ami imaginaire », mais un enfant du monde de l'Esprit.

Nous avons reçu une confirmation de ce don alors qu'elle n'avait encore que cinq ans, un soir où nous avions convenu qu'elle viendrait dormir chez moi. Mon fils et moi étions assis devant la télévision quand nous avons entendu des petits pas se précipiter dans l'escalier et jusque dans la salle de séjour. Elle avait du mal à reprendre son souffle tellement elle était excitée :

— Mamie, il y a une dame et deux petites filles à l'étage.

— Oui, oui, ai-je répondu, car j'avais senti la présence de cette dame et des deux petites filles quelques années auparavant lorsque je m'étais installée pour la première fois dans la maison.

J'étais si contente et fière de ma petite-fille. L'idée qu'elle pouvait voir elle aussi les esprits m'a inspiré un profond sentiment d'humilité. Je l'ai rassurée en lui disant le plus calmement possible :

— Oui, ma chérie. Tout va bien, ce sont les amies de Mamie, elles veulent simplement te dire bonjour.

Et je l'ai serrée dans mes bras.

Quelques semaines plus tard, à l'occasion de l'une de ses nombreuses visites, je me suis surprise à me demander si elle avait capté autre chose en se promenant dans les différentes pièces de la maison. Tandis qu'elle était à table en train de manger son dîner, je lui ai demandé si elle avait vu d'autres «amis de Mamie» dernièrement. À ma grande surprise, elle m'a répondu :

— Oui, Mamie.

— Vraiment ? ai-je rétorqué nonchalamment. Qu'est-ce qu'ils faisaient ?

— Ils frappaient dans leurs mains et me chatouillaient.

— Est-ce qu'ils t'ont parlé ? lui ai-je demandé, car je voulais savoir si elle pouvait les entendre.

— Oui, ils m'ont dit : «Merci d'avoir parlé de nous à Mamie.»

J'ai failli m'étouffer avec ma nourriture. J'ai caressé ses cheveux, et tapoté sa tête. Cela répondait à ma question. Elle pouvait les voir, les entendre et transmettre leurs messages. Que Dieu la bénisse.

J'ai pris conscience de la présence de ces « amis » quand j'ai aménagé dans la maison. Au début, j'entendais souvent des bruits étranges durant la nuit. Certains me paraissaient être des pas d'enfants, et j'ai cru discerner qu'il y en avait plus d'un. Un bruit en particulier me semblait très étrange et je n'arrivais pas à deviner ce que c'était. On aurait dit des grincements et des martèlements métalliques.

Les filles m'apparaissaient souvent en rêve. Et durant le jour, je les entendais souvent appeler leur maman.

Leur maman était une femme très occupée, comme je devais le découvrir un jour, alors qu'un groupe de Témoins de Jéhovah faisait sa « ronde » habituelle dans notre rue en s'arrêtant à toutes les portes. Les Témoins de Jéhovah sont des gens avec qui je bavarde régulièrement, et c'est ce que j'ai fait ce jour-là. Un membre de leur groupe était une femme assez âgée. Après être demeurée là à écouter en silence la conversation que nous avions entamée au sujet de nos différentes croyances, elle m'a dit à brûle-pourpoint qu'elle était souvent venue dans cette maison durant son enfance, car c'était l'ancienne maison de la couturière du coin, une dame qui lui avait confectionné son premier manteau d'hiver. Elle a ajouté qu'elle avait l'habitude de travailler nuit et jour devant sa machine à coudre. C'est alors que j'ai compris quel était ce bruit étrange : c'était la pédale de sa vieille machine à coudre en fer forgé.

Quoi qu'il en soit, j'ai trouvé merveilleux que ce don familial se soit transmis à une autre génération. J'espère qu'avec le temps et au cours des années à venir, ma petite-fille saura profiter pleinement de ce sens approfondi de la spiritualité.

Nell

Ma grand-tante Nell était une vieille fille qui ne mesurait même pas 1 m 50. Cela dit, elle était peut-être de petite taille, mais elle avait un moral à toute épreuve. Son esprit a honoré ce monde de sa présence pour la première fois il y a 95 ans. Elle avait ce chaleureux sens de l'humour propre aux habitants de Liverpool et une foi capable de soulever les montagnes ; c'était la plus dévouée des catholiques qu'on puisse rencontrer. Elle me racontait souvent des histoires du temps où elle était une petite fille, remontant au tournant du siècle dernier, une époque où elle avait l'habitude d'échapper à l'attention de son père, qui était forgeron, pour courir librement dans les rues pavées de la ville et se rendre jusqu'au port pour voir l'arrivée des gros bateaux et observer le déchargement de leurs précieuses marchandises.

Tante Nell était non seulement respectée et aimée par les nombreux membres de sa famille, mais également par tous ceux qui avaient la chance de la rencontrer, car elle laissait toujours un bon souvenir aux gens. Elle inspirait le respect et s'était mérité le titre de « Tante Nell » auprès de tous ceux qui la connaissaient. Elle avait également contribué à l'éducation de plusieurs enfants dans le besoin, en particulier ceux qu'elle avait pris sous son aile durant la guerre. Je suppose que cela ne lui a pas

«Tante Nell» **Uriell**

vraiment manqué de ne pas être mère. Ses efforts pour amasser des fonds et venir en aide aux gens dans leur vie quotidienne étaient également bien connus des membres de sa communauté et de son église.

Elle était devenue une sorte de figure emblématique — même l'évêque de Liverpool lui avait fait l'honneur de prendre le thé avec elle, et à cette occasion elle insistait pour que tout le monde l'appelle «Tante Nell», même l'évêque! Elle avait expliqué que c'était son «titre» et que les gens l'appelaient ainsi, même ceux qui n'étaient pas parents avec elle.

Les gens disaient souvent qu'elle était un «ange» et une «sainte». Ce n'est pas moi qui vais les contredire, car c'est la stricte vérité. J'en ai eu la confirmation quand j'ai appris que son véritable nom était Ellen Uriell, une découverte qui m'a tout à la fois étonnée et charmée. Uriel est le nom d'un archange biblique, un nom qui résumait parfaitement l'ensemble de son être spirituel.

Nell était la femme vers laquelle je me tournais quand j'étais malade, celle à qui je demandais d'allumer un lampion et de réciter une prière pour moi, ce qu'elle ne manquait jamais de faire. J'étais consciente de sa nature apaisante, même si elle-même ne s'en rendait pas compte. Elle m'a donné un jour une carte en verre sur laquelle était gravé un texte qui exprimait ses sentiments et ses pensées, répondant ainsi, sans le savoir, à l'une de mes prières. Je suis convaincue que ses pensées et ses prières ont contribué à ma guérison.

Au cours des dernières années de sa vie, Tante Nell a perdu la vue. Elle est parvenue à se réconcilier avec cette nouvelle réalité et à l'accepter presque de façon naturelle.

P. & E. URIELL,
HAME & CHAIN MAKERS,
HANDCARTS & TRUCKS REPAIRED,
14, HEAD STREET, PARK PLACE,
Residence—29, GT. NEWTON STREET.
Liverpool.
General Blacksmiths.   All Orders promptly attended to.

Tante Nell et l'évêque

Elle plaisantait souvent au sujet de ses propres infirmités : rien ne semblait pouvoir la détourner de sa mission, de quelque façon que ce soit. L'un des derniers efforts qu'elle a faits pour aider les autres a consisté à devenir l'une des personnes les plus âgées à participer à une «course de lits» pour une œuvre de charité. Elle était étendue sur un lit d'hôpital pendant que des étudiants la poussaient dans les rues du centre-ville de Liverpool — pour son plus grand plaisir — afin d'amasser des fonds destinés à un hôpital pour enfants de la région.

Nell est décédée en 1996, au mois de septembre, et est retournée au bercail dans le royaume de l'Esprit, peu de temps après avoir célébré son 95e anniversaire. Je n'ai pas pu assister à ses funérailles, mais on m'a raconté que le prêtre lui avait rendu un hommage des plus appropriés en disant : «Qui aurait cru que nous avions une sainte parmi nous?» Comme moi, cela l'aurait sûrement fait sourire et frétiller de bonheur. Mais «sainte Nellie de Liverpool» ne résonne pas tant de la même façon à mes oreilles, et à celles de plusieurs autres personnes, que cette autre expression : notre «ange», Tante Nell.

Le jour de ses funérailles, mon fils était à l'hôpital, et j'ai compris que j'allais avoir besoin de son aide, de l'aide de Dieu — de l'aide de tous ceux qui pouvaient m'aider — comme jamais auparavant. Mon fils s'était effondré à la suite d'une sorte d'attaque cérébrale. Les médecins m'ont dit qu'il était gravement malade et devait subir une batterie de tests. Les fonctions de son cerveau s'étaient détériorées et il ne pouvait plus communiquer ni fonctionner normalement. J'aurais tout donné ce jour-là pour prendre sa place. Il n'avait que 18 ans. Sa vie était en jeu. Je me sentais impuissante et terrifiée, et je ne m'étais jamais sentie aussi seule de toute ma vie. Où était Dieu dans tout cela? Je me posais la question. Je savais qu'il avait un rôle à jouer dans cette équation, mais je ne sentais aucune présence tandis que je suppliais, priais et implorais qu'on m'aide. J'étais dans un état de choc qui a duré plusieurs mois, mais je devais quand même vaquer à mes occupations et, comme d'habitude, être toujours disponible.

Je demeurais assise à ses côtés pratiquement du matin au soir durant les premiers mois de sa maladie. Un soir, pendant qu'il dormait, j'ai placé un chapelet au-dessus de son lit. C'était celui que Tante Nell lui avait acheté pour sa première communion. Chaque soir en le quittant, je demandais à Tante Nell de veiller sur lui jusqu'au lendemain matin, tandis que je m'occupais des autres membres de la famille.

Des mois ont passé. Je ne m'étais jamais sentie aussi seule avec mon angoisse. Le corridor de l'hôpital semblait chaque jour devenir de plus en plus long. C'était décourageant. J'avais l'impression que mon âme était en train de se séparer de mon corps. J'avais du mal à donner l'illusion que je tenais le coup. À l'intérieur, je me mourais; j'étais écrasée de douleur. J'avais refoulé beaucoup trop de choses, et pas seulement la tragédie qui frappait mon fils. Toutes les douleurs émotionnelles que j'avais tenté d'ignorer bouillonnaient à présent à l'intérieur de moi.

Durant ces moments de grande noirceur, j'ai entrevu un rayon d'espoir quand mon fils a finalement prononcé sa première phrase depuis plusieurs mois. Il m'a dit: «Maman, je n'ai pas arrêté de rêver à Tante Nell.»

J'ai craqué et fondu en larmes sans pouvoir m'arrêter, et pendant un moment je suis redevenue cette petite fille du couvent. Je savais que Tante Nell avait veillé sur lui et que je n'étais pas seule. Mon fils n'avait pas revu Tante Nell depuis sa première communion, 10 ans plus tôt, et il ignorait qu'elle était récemment décédée. Il était évident que Dieu nous l'avait envoyée.

Durant cette période où je me suis sentie si abandonnée, j'ai également commencé à prendre conscience que le monde de l'Esprit faisait de son mieux pour m'envoyer un message sous forme des paroles d'une chanson. Cette chanson avait une façon étrange de m'interrompre durant la journée. Je l'entendais dans des endroits inhabituels et elle se mettait à jouer à des moments précis et poignants. On aurait dit que chaque fois que je quittais l'hôpital, de jour comme de nuit, c'était toujours la première chanson que j'entendais à la radio. Dieu et mes êtres chers faisaient de leur mieux pour entrer en contact avec moi. Je ne m'en rendais pas compte, même si je leur demandais souvent de venir et de m'aider, car j'étais trop enfoncée dans mes émotions et j'avais élevé des barrières pour limiter ma « sensibilité ».

Les paroles en question étaient tirées de la chanson *You Are Not Alone* de Michael Jackson, et elles résumaient tout ce que j'avais besoin d'entendre : « Tu n'es pas seul. Je suis là avec toi. » Ce n'était pas une coïncidence si j'entendais ces paroles partout où j'allais. C'est une façon pour l'Esprit de manifester sa présence. Je sais maintenant que je ne suis jamais seule et que personne n'est jamais seul. Cette chanson n'est qu'une parmi toutes celles qui se sont présentées à moi au fil des ans, et elles ont toutes laissé une marque sur mon âme.

Au cours des 10 longues années qui ont suivi, mon fils a fait des progrès, mais il est demeuré vulnérable. Je n'ai jamais été aussi fière de lui qu'aujourd'hui quand je pense à ce qu'il a dû endurer et au courage dont il a fait preuve durant tout ce temps. Il a fini par prendre cette expérience avec beaucoup de philosophie. J'ai deux fils : l'un a reçu tous les honneurs en tant que footballeur et l'autre a souffert pour deux. Deux voies peuvent-elles diverger davantage ? Cela démontre que chacun d'entre nous doit suivre son propre parcours dans la vie.

Il n'y a pas de plus grandes douleurs que celles d'une mère, c'est du moins ce qu'on dit. La chose la plus difficile à apprendre et à accepter, c'est que malgré tous nos efforts pour guider et protéger nos enfants, ces derniers ont leur propre voie individuelle.

George

Certaines personnes sont étonnées quand on leur transmet un message de la part d'un parent qu'elles n'ont jamais rencontré. Pourtant, nos êtres chers, quelle que soit leur rang dans l'arbre généalogique de notre famille, vont souvent communiquer avec nous. Mon grand-oncle George Frederick Griffin est l'une de ces âmes que je n'ai jamais rencontrée, mais qui de toute évidence me connaît bien. Et le message que j'ai reçu de lui s'est avéré une surprise à la fois charmante et inattendue.

George Frederick Griffin, qui se faisait également appeler «Tim», est né le 3 février 1883 à Liverpool. L'un

Sergent-major George Frederick Griffin

des meilleurs cavaliers de l'histoire, il a servi au sein des Hussards de la reine Marie, où il a été nommé sergent en 1912. On l'a également encouragé à se joindre à la police montée canadienne à Régina en août 1912, à titre d'inspecteur des exercices à pied et à cheval. Il a rapidement été promu sergent-major, puis nommé responsable de l'école de dressage des chevaux le 1er avril 1914. L'une de ses responsabilités consistait à choisir les chevaux les plus appropriés. Il est à l'origine de la création de la troupe « Musical Ride », une troupe célèbre dans le monde entier et composée exclusivement de chevaux noirs, splendides et bien dressés, dont il était l'instructeur en chef. Ses chevaux ont été choisis pour escorter le roi George VI et la reine Élizabeth lors de leur visite au Canada en 1939. C'était la première fois qu'on utilisait une escorte composée uniquement de chevaux noirs, créant ainsi un précédent pour les années à venir.

Au printemps de 1940, George a été envoyé à Hollywood pour former les acteurs qui devaient incarner des membres de la police montée dans le film de Cecil B. DeMille *North West Mounted Police*, mettant en vedette Gary Cooper et Preston Foster. Ce film s'est retrouvé en nomination pour de nombreux Oscars. Qui ne serait pas fier d'avoir un tel personnage dans sa famille ?

En grandissant, je lisais souvent des coupures de journaux relatant les aventures de mon grand-oncle George, et je me rappelle que ma famille se réunissait autour du vieux téléviseur noir et blanc, attendant avec impatience de voir son nom figurer au générique à la fin du film. Nous recommencions chaque fois que le film était diffusé, mais il fallait parfois attendre longtemps entre deux reprises dans ce temps-là !

C'était une autre chose dont j'évitais de parler durant mon enfance, car je ne pouvais pas dire aux gens que mon oncle avait tourné un film avec Gary Cooper. Cela leur aurait paru aussi invraisemblable que si je leur avais annoncé que ma défunte grand-mère m'avait rendu visite !

Aujourd'hui, les gens me demandent souvent pourquoi j'ai accroché la photographie d'un agent de la police montée sur le mur de mon salon. Je leur réponds fièrement qu'il s'agit de cet oncle célèbre que je suis si fière de compter parmi les membres de ma famille. Je lui ai également accordé cette place de choix pour ne pas oublier le merveilleux message qu'il m'a un jour transmis par l'intermédiaire d'un autre médium. Je n'avais jamais songé à consulter un autre médium jusqu'au jour où mon amie Linda m'a téléphoné pour me dire qu'elle avait entendu le matin même dans l'autobus deux vieilles dames en train de discuter de la venue prochaine d'un « grand médium » dans une salle de notre quartier. J'ai instantanément reçu une image dans mon esprit et j'ai dit à Linda que je savais de qui il s'agissait : Stephen O'Brien. En disant cela, une autre image est apparue dans mon esprit, celle d'une affiche de lui que j'avais aperçue sur le babillard d'une église spiritualiste quelques années plus tôt. Je lui ai expliqué que j'avais sûrement reçu cette vision pour une raison précise. J'ai résumé la chose en disant :

— Nous allons acheter des billets pour le voir, car cet homme a un message pour moi.

— Ne sois pas ridicule, m'a répondu Linda, toujours un peu sceptique comme à son habitude. Il va y avoir là des centaines de personnes, à tout le moins. Comment peux-tu savoir qu'il va te parler ?

— Je le sais, c'est tout.

Et qui croyez-vous que Stephen O'Brien a choisi dans l'auditoire ce soir-là, laissant mon amie Linda sans voix ? Moi ! Cela m'a fait chaud au cœur quand j'ai appris que quelque chose de bien allait se produire. Stephen O'Brien m'a tout de suite comprise, car il a senti que je travaillais moi aussi avec l'Esprit, et m'a même félicitée pour mon travail. Il m'a dit qu'il avait un message pour moi de la part de mon oncle George, qui avait émigré au Canada plusieurs années plus tôt. Stephen a précisé que je ne l'avais jamais rencontré, mais que la raison pour laquelle mon oncle se manifestait était reliée au Canada. Oncle George a dit que j'allais travailler avec l'Esprit sur quelque chose en lien avec son cher pays adoptif, le Canada, et que lorsque cela se produirait, je saurais de façon certaine que l'esprit de mon oncle George avait influencé le processus.

Il arrive parfois que des messages se concrétisent dans les jours ou les semaines qui suivent, mais cela peut aussi prendre des mois, voire des années. Je sais que nous recevons parfois une date ou un moment spécifique, mais le plus souvent les choses se déroulent à leur propre rythme.

Pour ma part, j'ai mis plusieurs années à comprendre la signification du message d'oncle George. Cela s'est passé lorsque j'ai participé au tournage de la série *Psychic Investigators*, une série produite par la compagnie cinématographique canadienne Cineflix, au sujet de mon travail avec la police de West Midlands lors du meurtre de Mick Hughes. Mais mieux encore, le nom de la personne ressource à qui je devais envoyer ma facture au Canada n'était nul autre que «Griffin». George voulait simplement confirmer son influence!

Oh mon Dieu !

Je n'ai jamais été aussi surprise que la nuit où j'ai vu un monsieur habillé comme un soldat de plomb, sans son chapeau, debout au pied de mon lit. Sa présence m'a réveillée. J'étais confuse et déroutée, car je n'arrivais pas à comprendre qui était cet homme ou quelle était sa fonction. Je pouvais apercevoir énormément de détails, comme sa calvitie naissante et sa moustache broussailleuse, et il portait une sorte d'uniforme militaire du passé avec de lourds galons et des épaulettes. Ce personnage plutôt majestueux se tenait devant moi et semblait s'attarder quelques secondes de plus que ce à quoi m'avaient habituée les autres esprits, mais sans rien dire. Puis, il a simplement disparu.

Je ne me rappelais pas avoir jamais vu quelqu'un de ce genre dans nos albums de famille, mais je sentais qu'il y avait un lien entre nous et qu'il s'était manifesté pour une raison précise. Et à dire vrai, il me fascinait, mais heureusement je n'ai pas eu à attendre longtemps pour découvrir exactement de qui il s'agissait. Tout s'est éclairci quelques jours plus tard lorsque je suis allée rendre visite à ma tante Joan. Elle m'a alors raconté avoir trouvé un livre à la bibliothèque de son quartier dans lequel il était question de sa sœur qui avait vécu un véritable conte de fées et épousé un Lord — Lord French, 3e comte d'Ypres — en 1972. J'avais entendu parler de ce mariage pour la première fois au début de mon adolescence. C'était plutôt impressionnant de penser que j'étais la nièce de Lord et Lady French, mais il y avait un monde entre nous. Le fait que leur fille et moi avions toutes les deux pour deuxième prénom Kathleen, en mémoire de notre grand-mère, était la seule chose qui nous réunissait.

Tante Joan m'a montré le livre et j'ai aussitôt reconnu l'homme que j'avais aperçu dans ma chambre quelques jours plus tôt. Il s'est avéré qu'il s'agissait du 1er comte, du grand-père de Lord French. J'ai expliqué toute l'affaire à ma tante Joan. Le récit de sa « visite » l'a beaucoup étonnée, mais nous avons pouffé de rire quand j'ai suggéré que son mutisme était peut-être motivé par le fait que je n'étais pas assez noble pour qu'on m'adresse la parole ! Nous sommes toutes les deux tombées d'accord pour dire qu'il était venu dans un but précis.

Nos êtres chers se manifestent parfois simplement pour nous rappeler qu'ils sont là à nos côtés. Ils peuvent venir nous dire qu'ils seront bientôt de retour pour aider un membre de la famille à passer dans l'Au-delà, ou qu'il va bientôt se produire quelque chose dans notre vie et qu'ils veulent nous faire savoir qu'ils nous aideront en demeurant près de nous et en étant attentifs à ce que nous faisons.

Lord French, comte d'Ypres

P 1270

DEBRETT'S ILLUSTRATED PEERAGE

YPRES, EARL OF (French)
(Earl UK 1922)

JOHN RICHARD CHARLES LAMBART FRENCH, 3rd Earl; *b* 30 Dec 1921; *s* 1958; *ed* Winchester, and at Trin Coll, Dublin; European War 1939-45 as Capt King's Roy Rifle Corps: *m* 1st 1943 (*m diss* 1972), Maureen Helena, da of H. John Kelly, US Foreign Ser (ret); 2ndly, 1972, Deborah, da of R. Robert, of Liverpool, and has issue by 1st and 2nd *m*.

Arms — Ermine, a chevron sable, a crescent for difference. **Crest** — I dolphin embowed proper. **Supporters** — *Dexter*, a lion guardian o supporting a staff proper with a banner of the Union: *sinister*, a lion o supporting a staff proper with a banner paly of three, sable, gold an gules.

MALO MORI QUAM FŒDARI

I would rather die than be dishonoured.

DAUGHTERS LIVING

(By 1st marriage)

Lady Charlene Mary Olivia, *b* 1946: *m* 1955, Charles Mordaunt Milner, (aw Milner, Bt).

Lady Sarah Mary Essex, *b* 1953.

Lady Emma Mary Helena, *b* 1958: *m* 1980, Charles Geoffrey Humfrey, on son of Charles Michael Humfrey, of Alderney, CI.

(By 2nd marriage)

Lady Lucy Kathleen, *b* 1975.

Quelques semaines plus tard, j'ai appris que mon autre tante, Lady French, avait eu une attaque foudroyante. La vision que j'avais reçue témoignait du fait que ses êtres chers savaient qu'il allait se passer quelque chose, et plus important encore, que son défunt mari et ses parents s'étaient rapprochés d'elle, qu'ils étaient au courant de sa condition et qu'ils continueraient à marcher à ses côtés.

Linda

Au mois de novembre 1995, j'ai eu la forte impression que Linda McCartney allait affreusement mal. Je sentais qu'elle avait reçu de mauvaises nouvelles concernant son état de santé. Durant une conversation téléphonique, j'en ai fait part à une amie que je savais être une grande admiratrice des Beatles, même si nous n'avions abordé jusquelà aucun sujet le moindrement relié au groupe. Je lui ai dit qu'on entendrait bientôt parler de la santé de Linda, et je lui ai expliqué que je sentais que Paul allait perdre un être cher. Mon amie a refusé d'y croire, disant que Linda était probablement en meilleure santé que nous deux réunies, étant donné qu'elle était végétarienne. Mais quelques semaines plus tard, on annonçait dans la presse que Linda avait un cancer du sein.

Peu de temps après son décès, j'ai reçu un message d'elle tout à fait inattendu, tellement inattendu que j'ai mis plusieurs années à trouver le lieu et le moment appropriés pour le transmettre. Tous les messages finissent

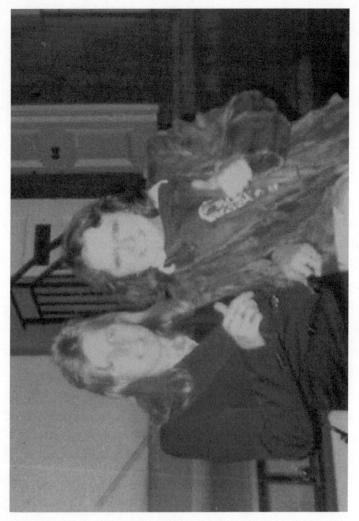

Linda McCartney et moi

toujours par arriver à destination, même si cela prend parfois du temps.

L'Esprit dépense tellement d'énergie et d'efforts pour produire un message qu'aucun n'est jamais perdu et que tous finissent par trouver leur destinataire. L'Esprit commence par choisir un « canal » de son choix, un lieu et un moment. Il peut s'agir d'une personne avec laquelle l'Esprit est lié sur le plan médiumnique ou qui est connue pour être un excellent communicateur. Dans mon cas, j'ai senti que Linda m'avait choisie pour être son instrument parce que nos âmes étaient demeurées en contact au cours de toutes ces années, depuis que nous nous étions rencontrées à plusieurs reprises durant les années 1970.

Je suis aussi sceptique qu'un autre quand j'entends parler d'un médium qui canalise uniquement des personnes célèbres. Mais il est tout à fait compréhensible qu'elle se soit tournée vers moi, étant donné que nous avions déjà eu des contacts en cette vie.

Quoi qu'il en soit, je n'aurais jamais pu imaginer les circonstances qui ont mené à cette nouvelle rencontre, cette fois, dans le monde de l'Esprit. J'étais en train de vivre ce que certaines personnes appellent « une expérience de mort imminente ». Cela s'est produit tandis qu'on m'amenait de toute urgence à l'hôpital à la suite d'une réaction allergique. Mon corps subissait un choc anaphylactique. Des zébrures rougeâtres étaient apparues sur ma peau. Ma température était élevée et ma tête, mes mains et mes pieds étaient extrêmement enflés ; à tel point que j'étais devenue méconnaissable.

Je me sentais très léthargique et détachée, comme si j'étais consciente de mon propre esprit. J'avais l'impression de flotter, de quitter mon corps.

D'ordinaire, j'aurais senti la présence des esprits autour de moi, car ils m'avaient déjà rendu visite à plusieurs reprises par le passé durant mes séjours à l'hôpital. Je disais souvent pour plaisanter qu'avec toutes ces opérations, je me dirigeais vers l'Au-delà un morceau à la fois ! Cette fois, c'était différent : j'avais la sensation que mon esprit était en train de quitter mon corps par le sommet de ma tête. Mais je pouvais encore me voir. J'ai vu et senti que je me dirigeais vers une lumière éblouissante et éclatante. Je me suis ensuite retrouvée étendue dans une chambre remplie de lumière, entourée de mes êtres chers qui étaient trépassés. J'ai entendu une voix masculine me dire que mon temps n'était pas encore venu et que je devais retourner, car j'avais encore du travail à faire. J'étais consciente que mon corps physique était maintenu en bas, mais j'étais en même temps consciente que mon corps spirituel se trouvait dans une autre dimension. J'ai continué mon voyage jusqu'à ce que j'arrive dans un magnifique jardin où j'ai rencontré Tante Nell. Elle me souriait, assise sur un banc. Je me suis assise à côté d'elle. Elle m'a dit, elle aussi, que je devais retourner sur terre.

C'est alors que, tout à coup, j'ai vu Linda McCartney. Elle était magnifique et vêtue de bleu. Elle avait de longs cheveux qu'elle maintenait en place sur le côté avec une fleur des tropiques. Elle s'est approchée et s'est assise à côté de moi pour bavarder. C'est à ce moment que j'ai repris conscience de mon corps physique et partagé ce que j'avais vu et entendu avec l'amie qui était assise près de mon lit. Puis, j'ai à nouveau glissé dans le monde de l'Esprit pour écouter et retransmettre encore et encore ce que Linda et mes êtres chers avaient à dire. Elle a parlé de son décès et m'a dit que ses cendres avaient été dispersées à deux de ses endroits préférés : sur le Mull of Kintyre, en Écosse, et en Arizona, à un endroit qui lui rappelait quelques-uns de ses plus beaux souvenirs de famille. Elle m'a parlé de ses enfants et de l'amour qu'elle souhaitait leur transmettre. Elle a aussi mentionné une pièce de poterie qu'elle aimait tout particulièrement et un panier rempli de fleurs sauvages séchées suspendu dans sa cuisine. Elle m'a parlé de sa fille, Stella, et dit qu'elle allait se marier sur le cap du Mull of Kintyre et qu'elle, Linda, serait présente. Elle m'a dit que Paul se remarierait assez rapidement avec une femme du Nord de l'Angleterre. Paul et son fils James semblaient quelque peu la préoccuper, mais elle voulait surtout faire savoir à Paul que tout allait bien pour elle. Elle voulait leur transmettre tout son amour et leur dire qu'elle veillait sur eux.

Cette expérience, pendant laquelle mon âme se déplaçait à la vitesse de la lumière, ne s'est pas arrêtée là. C'est au cours de cette même expérience que j'ai aperçu un ange. Il était plus grand que nature et semble m'être apparu au moment où mon amie était convaincue que la fièvre me faisait quelque peu délirer, mais jusqu'à ce moment-là elle n'avait pas douté de la réalité des autres esprits que j'avais vus et mentionnés. Cet ange était si grand qu'il s'étirait sur toute la hauteur du mur et une partie du plafond de la salle d'hôpital. Je ne prétends pas que cet ange m'ait adressé la parole, mais son apparition m'a réconfortée et fait comprendre que tout irait bien.

Après tout, j'avais une mission à accomplir, comme me l'avait rappelé mes êtres chers.

J'ai dû attendre plusieurs semaines avant que l'enflure ne disparaisse et que je me sente en mesure de reprendre mon travail pour le compte de l'Esprit. Cela dit, je ne savais toujours pas comment j'allais m'y prendre pour transmettre le message de Linda, car des décennies s'étaient écoulées depuis notre dernière rencontre, sans compter que je vivais à l'autre bout du pays et n'avais plus aucun contact avec eux. Mais je savais que d'une façon ou d'une autre le message de Linda finirait par se frayer un chemin en temps et lieu.

Quelques années plus tard, j'ai cru que l'occasion allait finalement se présenter. Au cours d'une séance avec une jeune femme nommée Stéphanie, j'ai tout à coup senti qu'elle avait été impliquée dans un horrible accident 18 mois plus tôt, un accident qui avait changé sa vie de façon drastique. Elle m'a confié qu'elle avait perdu la partie inférieure de sa jambe, mais cela ne se voyait pas immédiatement, car son pantalon recouvrait sa blessure. Durant cette séance, je lui ai dit que je la « voyais » se diriger vers un métier lié à l'enseignement. Elle m'a confirmé que c'était justement ce qu'elle avait prévu de faire. C'est alors que j'ai commencé à penser à la nouvelle compagne de Paul McCartney, Heather Mills. J'ai mentionné qu'elle était l'exemple même d'une personne qui avait repris sa vie en main en dépit de son handicap. Après lui avoir mentionné son nom, Stéphanie m'a appris que Heather lui avait téléphoné personnellement peu de temps après son accident pour lui redonner espoir et l'encourager. Heather lui avait dit qu'elle s'engageait à trouver de jeunes amputés avec qui elle pourrait entrer en contact, et j'ai pensé que c'était tout à fait admirable de sa part. Pendant une fraction de seconde, j'ai pensé que Stéphanie était peut-être la personne qui me permettrait de transmettre le message de Linda, mais je suppose qu'il était inapproprié de dire à une jeune mariée que la défunte épouse de son mari souhaitait communiquer avec lui depuis l'Au-delà. Je savais cependant que le jour viendrait prochainement où je pourrais transmettre ce message à ceux à qui il était destiné.

J'ai de nouveau pensé au message de Linda quelques années plus tard, alors que je rendais visite à une dame qui habitait dans une très vieille grange réaménagée. Elle m'avait téléphoné pour voir si je ne capterais pas quelque chose au sujet de cette nouvelle demeure qu'elle avait entièrement rénovée. J'ai aussitôt senti que son père, qui était à présent dans l'Au-delà, avait travaillé dans l'industrie de la construction et lui disait qu'elle avait réalisé son rêve, car il avait toujours voulu réaménager un jour sa propre grange. Cette dame ne s'attendait pas à recevoir un message de son père, mais elle s'est montrée enchantée quand je lui ai dit que son esprit avait joué un rôle lors de la mise aux enchères de la propriété. Au moment de son achat, elle avait cru à un coup de chance, car les deux autres personnes intéressées avaient retiré leur offre à la dernière minute. Elle était touchée d'apprendre que son père l'avait aidée. J'ai ensuite senti qu'il y avait un lien historique avec la grange, ce qui confirmait les histoires qu'on lui avait racontées.

Après lui avoir transmis mon message, elle m'a posé des questions plus générales au sujet de mon don. Elle se demandait entre autres si j'avais déjà canalisé quelqu'un de célèbre. Cette question m'a évidemment fait penser à Linda, et je lui ai raconté notre communication. Cette femme s'est alors exclamée :

— Comme c'est étrange ! La compagnie de construction de mon mari effectue justement des travaux sur la nouvelle maison de Stella McCartney dans le Worcester !

À nouveau, j'ai pensé : « Est-ce une façon pour moi de transmettre le message de Linda ? » Je lui ai donc gentiment demandé si son mari ne pourrait pas, d'une façon ou d'une autre, faire allusion au message de Linda, si jamais il avait la chance de discuter avec Stella. Mais cela ne s'est jamais produit.

J'avais pratiquement oublié le message d'espoir de Linda lorsque l'occasion de le transmettre s'est finalement présentée. Cela s'est passé l'année dernière lors d'une entrevue avec une journaliste du *Liverpool Echo* au sujet de ma vie et de mon travail. La dernière question qu'elle m'a posée a été : « Avez-vous déjà reçu un message de la part d'une personne célèbre ? » J'ai pensé que cette journaliste s'attendait plus ou moins à ce que je prononce le nom de John Lennon. Elle a semblé surprise que je lui parle de Linda. En fait, la surprise a été pour moi, car cette histoire a fait les manchettes des journaux lors de la dernière semaine d'août, alors que la ville célébrait, comme chaque année, l'héritage des Beatles. Il était écrit que le message de Linda serait d'abord rendu public à Liverpool, une ville qu'elle aimait beaucoup, et à un moment où il rejoindrait non seulement les admirateurs des Beatles de passage, mais aussi et surtout les parents et amis de Linda qui y habitaient toujours.

Ozzy

Au mois de décembre 2003, un phénomène familier s'est produit un matin alors que je vaquais à mes occupations quotidiennes. J'étais devant l'évier de la cuisine en train d'écouter de la musique à la radio. Une vision a interrompu mes pensées, celle d'un couple se tenant de chaque côté d'un homme aux cheveux longs. J'ai compris qu'il s'agissait de M. et Mme Osbourne, les parents d'Ozzy, un couple auquel je n'avais pas pensé depuis plus de 30 ans, mais ils avaient interrompu mon sommeil la nuit précédente avec la même vision. J'ai pensé qu'ils devaient être tous les deux décédés. Dans cette vision, ils se tenaient de chaque côté d'une personne que je supposais être Tony, le frère d'Ozzy, même s'il était difficile de les différencier étant donné qu'ils se ressemblaient beaucoup, car c'était avec lui que j'avais tissé des liens par le passé. Je sentais que M. et Mme Osbourne veillaient sur lui pour une raison particulière — peut-être était-il malade, ai-je pensé, ou peut-être que quelque chose allait bientôt se produire. Il se dégageait d'eux un extraordinaire sentiment d'amour, tandis qu'ils se tenaient de chaque de côté de lui comme pour le protéger.

Cette même vision est réapparue dans mon esprit encore et encore durant la journée, me laissant avec le sentiment de devoir le rejoindre de toute urgence mais d'une façon subtile.

J'avais entendu dire que le frère d'Ozzy vivait encore quelque part dans la région, alors je suis allée à la bibliothèque de mon quartier pour consulter le registre électoral dans lequel j'ai trouvé son adresse. J'avais décidé de lui écrire une lettre, mais en tant que médium professionnelle et non en tant qu'ex-petite-amie, dans l'espoir que mon message aurait plus d'impact. Je sentais que je devais lui dire que ses parents s'étaient rapprochés dans un but précis. Je n'étais pas sûre de me souvenir du nom de ses parents, mais je devais néanmoins lui transmettre ce que j'avais vu dans cette vision récurrente et lui faire savoir, d'une façon ou d'une autre, qu'ils étaient entrés en contact avec moi. J'avais l'impression que c'était le moins que je pouvais faire.

Tout ce que j'avais vu dans ma vision est devenu beaucoup plus clair un peu plus d'une semaine plus tard. Je m'étais trompée : ils ne se tenaient pas aux côtés de Tony, mais d'Ozzy, car une semaine environ après avoir eu cette vision, Ozzy a failli perdre la vie lors d'un accident de moto à quatre roues. Il n'y a aucun doute dans mon esprit que M. et Mme Osbourne l'ont protégé ce jour-là, et je suis sûr qu'Ozzy serait d'accord avec moi.

Le trèfle de Clare

Mes amies Clare et Joan sont des jumelles identiques que j'ai rencontrées pour la première fois lorsque j'avais sept ans. Elles vivaient près de chez moi dans le petit village où nous habitions. Nous avons fréquenté la même école primaire et secondaire catholique. Le plus clair de notre temps, nous le passions ensemble. À l'école, on nous prenait souvent pour des sœurs, parce que nous avions toutes trois les cheveux foncés et le teint clair. Nous étions plus qu'heureuses de faire comme si c'était vrai. Comme j'étais la seule à notre école à pouvoir les différencier, les professeurs, comme les élèves, me demandaient souvent de leur dire qui était qui. Je prenais parfois un malin plaisir à les confondre en leur donnant le mauvais nom. Je ne me doutais pas à l'époque que notre amitié serait l'affaire de toute une vie. Même si nous avons vieilli et que nos chemins se sont séparés, nous trouvons encore le temps de nous réunir à l'occasion pour nous tenir au courant de ce que la vie nous a «servi» dernièrement. Il y a toujours eu un lien entre nous. Par exemple, nous sommes toutes les trois

Clare et Joan Maxwell

devenues des mères monoparentales. Et c'est à cette époque que j'ai commencé à jouer un rôle important dans leur vie.

Quelques jours avant mon anniversaire, j'ai senti le besoin d'inviter Joan à passer la soirée avec moi, car je venais d'apprendre qu'elle était à nouveau célibataire. Je l'ai donc invitée à venir me rejoindre, car j'avais prévu d'aller voir un concert à Birmingham avec quelques amis pour célébrer. J'allais en ville de plus en plus rarement, mais j'avais fait une exception, car quelque chose me disait que je devais y aller, et durant les jours précédents, le nom du groupe était constamment revenu sur le tapis à des endroits inhabituels. Pour moi, c'était un signe. Et effectivement, cette soirée s'est avérée décisive pour Joan.

Durant la soirée, un homme est venu directement vers moi et m'a invitée à danser. En temps normal, j'aurais accepté, mais lorsque j'ai ouvert la bouche, je me suis surprise à dire : «Oh, non merci, mais dansez avec mon amie, vous feriez un couple adorable tous les deux.»

Personne ne s'en doutait à ce moment-là, mais je venais tout juste de présenter Joan à son futur mari. Cela s'est passé il y a 15 ans, et ils sont encore ensemble aujourd'hui, heureux en ménage. Ils vivent aujourd'hui en Irlande avec leur nouvelle famille recomposée. Je leur rends souvent visite. J'en profite pour me remémorer le passé et réfléchir à la façon dont mon intuition a joué un rôle dans la création d'un avenir plus radieux pour Joan. Il était écrit que les choses se passeraient ainsi.

À l'inverse, le rôle que je devais jouer dans la vie de Clare s'est avéré complètement différent. C'était quelque chose dont j'avais eu la prémonition, quoique de façon diamétralement opposée. Ce qui l'attendait en cours de route était totalement différent, mais néanmoins élaboré par Dieu.

Il y a quelques années, Joan m'a appris que Clare et son mari avaient rompu et qu'elle emmenagerait bientôt avec ses enfants dans une maison près de chez moi. Nos routes allaient à nouveau se croiser. Nous avons par la suite passé beaucoup de temps ensemble. Partager les tâches de la vie quotidienne était facile, même si de nombreuses années s'étaient écoulées et nous avaient tenues à l'écart. En fait, on se parlait comme si on s'était quitté la veille. Nous étions comme deux écolières qui se retrouvent, mais cette fois avec l'expérience de la vie de deux femmes mûres. Clare semblait optimiste et en pleine possession de ses moyens, même si elle s'adressait souvent à moi pour être réconfortée et encouragée. Il me faisait plaisir de lui donner ce qu'elle voulait, mais on aurait dit que je ne trouvais jamais l'inspiration nécessaire pour lui dire des choses vraiment profondes. Elle savait que j'avais joué les entremetteuses pour sa sœur, mais elle ne connaissait pas ni ne comprenait toute la portée de mon « don ».

Quelque chose que j'avais « senti » au sujet de Clare s'est finalement concrétisé tard un soir. Joan m'a appelée pour dire que Clare venait d'apprendre qu'elle avait la leucémie et qu'elle prévoyait aller vivre avec Clare et demeurer chez elle le temps qu'elle récupère. Joan et leur sœur aînée, Doreen, avaient prévu de s'occuper de Clare ; elle était censée commencer ses traitements de chimiothérapie presque immédiatement.

Le choc a été terrible. Les pensées qui me hantaient depuis quelque temps se trouvaient confirmées, et cela m'a remis en mémoire une rencontre que j'avais eue avec Clare une semaine ou deux plus tôt. Clare se plaignait depuis quelque temps d'une bronchite qui n'en finissait plus, et elle s'apprêtait justement à aller chez le médecin pour des prises de sang. J'avais senti que quelque chose n'allait pas, mais j'ai repoussé cette idée et préféré me taire.

Au cours des mois qui ont suivi, j'ai continué à rendre visite à Clare chez elle et à l'hôpital. Clare était remarquable. Elle semblait prendre la vie comme elle venait. Je savais qu'elle avait certainement connu des moments difficiles, mais elle semblait néanmoins en pleine possession de ses moyens. J'essayais de la distraire en parlant de tout et de rien, sauf bien sûr de sa maladie, à moins qu'elle ne m'en parle la première. Nous continuions à rire et à plaisanter, même quand on lui a offert une perruque en vue du moment où elle perdrait ses magnifiques cheveux. On avait pris grand soin de s'assurer que la couleur et le style correspondaient à ceux de ses cheveux. Elle était blonde à présent. Elle avait commencé à grisonner très jeune et n'avait plus ces cheveux foncés qui avaient fait notre renommée à toutes les trois. On venait tout juste de lui donner sa perruque, lorsque je suis arrivée un jour pour lui rendre visite. Clare avait hâte de voir de quoi j'aurais l'air en blonde. Elle m'a incitée à l'essayer. Au moment où je m'exécutais, une infirmière a passé sa tête par l'ouverture de la porte. Elle semblait confuse et m'a lancé un regard méprisant et désapprobateur. Nous avons pouffé de rire comme deux écolières qui préparent un mauvais coup.

C'était une situation où à défaut de rire nous aurions fondu en larmes. Pour ma part, je me sentais impuissante. Je lui demandais souvent, avant de partir, si elle avait envie de manger quelque chose en particulier. Je lui promettais toujours de lui apporter ses friandises préférées lors de ma prochaine visite. Je n'arrivais jamais les mains vides. En plus de toutes ces friandises, je lui apportais toujours des éclairs au chocolat, son dessert préféré. Cela dit, je le faisais surtout pour maintenir à flot quelqu'un dont le poids fondait à vue d'œil. C'était une réaction naturelle, mais je considérais que c'était le moins que je pouvais faire.

Après ses traitements, quand Clare est retournée chez elle, j'ai décidé de téléphoner à Maggie, une vieille camarade de classe à nous. Maggie était la fille du médecin de notre quartier. À l'école, elle tenait en quelque sorte la rubrique du courrier du cœur, car les gens se tournaient spontanément vers elle pour lui demander conseil. Elle dégageait quelque chose d'apaisant déjà à l'époque, alors je n'ai pas été surprise d'apprendre qu'elle était devenue thérapeute alternatif. Maggie et moi avons donc planifié de rendre visite à Clare et Joan chez elles, et de renouer à nouveau les liens de notre amitié, car il faut dire que nous avions formé un sacré quatuor à l'école.

Nous étions toutes les quatre assises autour de la table à manger de Clare à nous remémorer nos souvenirs et nos frasques d'écolières en riant de bon cœur. Nous discutions de nombreux sujets, mais il y en a un que nous n'avons jamais abordé devant Clare pendant sa maladie :

mon travail de médium. Je trouvais que c'était un sujet qui évoquait trop la mort.

Nous écoutions Clare avec attention tandis qu'elle se remémorait son enfance, ses nombreux voyages en Irlande et son amour du pays, sans oublier toutes les fois où elle avait ramené, au cours des dernières années, des graines de trèfle à la maison. Elle avait tenté d'en planter à divers endroits, dans l'espoir qu'elle pourrait faire pousser son propre trèfle ici en Angleterre, mais elle avait finalement abandonné l'idée. Elle disait qu'elle en était venue à la conclusion que le trèfle ne pousse que dans un sol irlandais. J'étais parfaitement d'accord avec elle, car j'avais moi-même essayé à de nombreuses reprises, mais en vain. Nous parlions également de ce que nous ferions lorsqu'elle irait mieux, car Clare avait espoir de recevoir une greffe de moelle osseuse.

Un jour, au milieu de la conversation, elle s'est tournée vers moi et m'a dit à brûle-pourpoint qu'elle était allée voir une médium il y a quelques années. Cette médium lui avait dit que son père était dans le monde de l'Esprit et qu'il savait qu'elle parlait souvent à une photographie de lui. C'était la première fois qu'elle abordait ce sujet depuis qu'elle était malade. J'ai dit à Clare que cette femme semblait être une bonne médium et que je ne doutais pas un seul instant que son père écoutait attentivement tout ce qu'elle lui disait. Les yeux de Clare se sont alors remplis de larmes. Les larmes ont roulé sur son petit visage émacié et pâle. C'était la première fois, après des mois de maladie, qu'elle laissait libre cours à ses émotions devant ses amies. Nous sommes restées assises en silence pendant un moment, les larmes aux yeux. Nous n'avons rien dit. Ce n'était pas nécessaire. L'étendue de sa douleur nous avait frappées de plein fouet. Puis, il semble que nous ayons toutes eu la même idée : nous étions franchement ridicules. Nous avons commencé, au début avec un soupçon d'embarras, à glousser, puis à nous tordre de rire devant le spectacle de toutes ces femmes en pleurs. Maggie a alors dit, juste au bon moment, que c'était l'heure du thé. Elle avait toujours eu le don de savoir exactement quoi dire.

Au cours des jours qui ont suivi, Clare a dû retourner à l'hôpital. C'est alors que Joan nous a appris qu'elle était en phase terminale. Tout ce que j'avais « senti », mais gardé pour moi parce que je ne voulais pas y croire, devenait réalité.

Les membres de la famille de Clare, par pur amour pour elle, ont préféré ne rien lui dire, car ils craignaient que son âme n'abandonne la lutte et ne les quitte. Ils voulaient la garder avec eux le plus longtemps possible, et on peut les comprendre.

La vie de Clare a été prolongée parce qu'elle avait une sœur jumelle et que celle-ci a immédiatement accepté de lui donner de ses propres leucocytes pour renforcer son système immunitaire, quoique malheureusement, pour peu de temps.

C'est durant cette période, lors de mes visites à l'hôpital, que j'ai commencé à voir l'esprit du père de Clare debout près de son lit, en train de caresser ses cheveux. Je n'ai jamais mentionné sa présence jusqu'au jour où je l'ai entendu me dire dans mon esprit : « Ça va, vous pouvez la questionner à mon sujet. »

Je lui ai donc demandé, sans aucune appréhension :

— Clare, est-ce qu'il t'arrive de rêver de ton père quand tu te sens mal?

Joan, qui était assise près de moi, a levé les yeux, visiblement surprise. Elle se demandait probablement où je voulais en venir.

— C'est drôle que tu dises ça, car depuis que je suis à l'hôpital, je ne fais que rêver à lui toutes les nuits, m'a répondu Clare.

— Ah, Clare... comme c'est charmant. C'est une façon pour lui de te dire qu'il veille sur toi, ma chérie.

Elle a esquissé un sourire plein de réconfort. Elle ne m'a jamais posé de questions. En réalité, je savais qu'il attendait pour l'aider à passer dans l'Au-delà.

Joan m'a regardée d'un air pensif, plongée dans ses pensées. Dans le corridor, j'ai transmis le message en entier à Joan tandis que nous nous dirigions vers la cafétéria. Joan ne croyait pas vraiment à ces histoires, et comme la plupart des gens, elle était plutôt sceptique à l'époque. Je lui ai dit à nouveau ce que j'avais vu de l'esprit de son père. Elle m'a répondu qu'elle aimerait bien y croire. Je lui ai dit que son père tenait à ce qu'elle le sache. Autour d'un café, l'esprit du père de Joan m'a envoyé une nouvelle pensée. Cette fois, il s'agissait de son propre décès.

— Joan, ton père est décédé deux fois, n'est-ce pas?

— Qu'est-ce que tu veux me dire? m'a-t-elle demandé, intriguée.

— Je sens qu'il est décédé, puis qu'il a été ressuscité, et finalement qu'il est demeuré parmi vous quelques jours de plus avant de s'éteindre.

— C'est exact, mais comment sais-tu tout cela ? Tu n'étais pas là lorsqu'il est décédé.

Je pouvais sentir son esprit en train d'analyser tout ce que je venais de lui dire.

— Je veux y croire, a-t-elle ajouté.

Je sentais que ce n'était qu'une question de temps. Il fallait peut-être qu'elle reçoive elle-même un message spirituel réconfortant ou peut-être, à présent que j'avais semé ces pensées dans son esprit, que ces graines prendraient racine et finiraient par éclore avec le temps.

Plus tard, Clare a pu passer du temps à la maison. Elle semblait frêle et plus vieille que son âge. Elle avait besoin de grandes quantités d'oxygène pour se déplacer.

Le jour de mon anniversaire, je suis arrivée chez Clare avec Maggie pour l'inviter à dîner avec nous. J'avais expliqué à Maggie que je sentais que Clare n'en avait plus pour longtemps, et comme j'avais prévu partir le week-end suivant pour prendre un peu de repos, je tenais à la voir tandis que j'en avais encore la chance.

Clare était ravie de sortir avec nous. Son esprit était alerte, mais son corps avait beaucoup faibli. Elle avait du mal à se déplacer et n'avait pratiquement plus que la peau sur les os. Néanmoins, rien ne semblait la décourager. Joan et moi l'avons littéralement portée dans nos bras pour lui faire franchir les quelques marches devant la maison et l'asseoir, maladroitement, dans ma voiture. Ce qui nous a valu un ou deux sourires chaleureux.

Nous sommes arrivées au restaurant bras dessus, bras dessous. Nous avons porté Clare à travers le restaurant jusqu'à notre table, si bien que ses pieds n'ont pratiquement pas touché le sol. L'assiette de Clare était remplie jusqu'à ras bord, et elle nous a toutes étonnées en dévorant tout ce qu'il y avait devant elle.

Malgré un arrière-fond de tristesse, tout le monde souriait et rigolait; assises autour de cette table, nous avons mangé ce qui devait être notre dernier repas toutes les quatre ensemble.

Je ne devais jamais revoir Clare vivante. Elle est décédée quelques jours plus tard, durant le week-end où j'étais absente.

J'ai cru comprendre qu'elle s'est éteinte par une belle journée ensoleillée, entourée de ses enfants et de ses autres êtres chers. Elle a eu la chance de pouvoir leur dire tout ce qu'elle avait à dire, puis l'esprit de son père est venu la chercher au cours de ses derniers instants. Sa présence a été confirmée et ressentie par sa sœur aînée, Doreen. Dieu avait accordé à Clare un départ parfait.

J'ai appris la nouvelle à mon retour à la maison. J'étais évidemment bouleversée, mais je savais que ce n'était pas la dernière fois que j'entendais parler de mon amie Clare. Je suis finalement parvenue à m'endormir ce soir-là, et le lendemain à mon réveil, je me suis rendu compte que Clare avait fait de son mieux durant la nuit pour communiquer avec moi en rêve. Je savais toutefois que mes émotions avaient pris le dessus sur mes sens et érigé des barrières. J'en ai parlé à Joan le lendemain. Mon intention était de lui dire ce que j'avais «reçu». À ma grande surprise, Joan était en mesure de m'expliquer mon rêve. J'ai dit à Joan :

— Je pouvais voir Clare au loin; elle était adorable et très élégante. Elle était redevenue elle-même. Elle m'a fait signe de la main, mais bizarrement je ne pouvais pas l'entendre. Plus étrange encore, il y avait une grosse valise à ses pieds. Et elle m'a montré un morceau de papier sur lequel il y avait des chiffres. J'ai essayé de comprendre de quoi il s'agissait, Joan, mais je me suis réveillée perplexe et troublée... De plus, dans mon rêve, j'ai dit à Clare : «Non, Clare... On n'emporte pas une valise dans l'Au-delà... En passant, j'espère que ce sont des numéros de loterie que tu essaies de me donner, ma chérie», ai-je ajouté dans l'espoir de me remonter le moral.

Évidemment, je savais que ces chiffres voulaient dire autre chose. Mais cette idée m'a fait sourire. Pendant qu'elle m'écoutait, on aurait dit qu'une lumière s'était allumée dans l'esprit de Joan, ou peut-être était-ce les graines que j'avais semées qui commençaient à prendre racine.

— Je sais de quoi il s'agit, m'a dit Joan. Clare doit être au courant de ce que nous venons de planifier. Nous avons décidé qu'au cours du week-end, après les funé-railles, toute la famille irait en Irlande passer la semaine chez moi.

— C'est pour cela que Clare a fait ses valises! me suis-je exclamée en l'interrompant. Elle va probablement arriver sur place avant vous.

— Alors j'espère qu'elle mettra la bouilloire sur le feu, a-t-elle rétorqué avant d'ajouter : je sais également ce que signifient les chiffres sur la feuille de papier. Elle doit essayer de nous dire qu'elle sait que nous avons trouvé le papier sur lequel est inscrit son numéro de compte ban-caire. Elle nous en avait parlé juste avant de s'éteindre.

Il m'a semblé que Joan était de plus en plus ouverte à cette réalité. Pour elle, tout cela s'expliquait parfaitement, et c'est ce qui comptait vraiment.

Pour ma part, j'espérais que Joan, en découvrant qu'il était possible de recevoir des messages du monde de l'Esprit, continuerait d'en parler avec la même aisance et trouverait un certain réconfort dans le fait de savoir que Clare n'était pas vraiment disparue. Parfois la sagesse qui émane du monde de l'Esprit ne peut être transmise directement, et c'est pourquoi on doit en faire soi-même l'expérience.

Durant cette même semaine, j'ai donné une démonstration dans un hôtel du Worcester. J'y ai rencontré une femme qui m'a remis un message. Elle m'a dit, presque d'un air contrit, qu'elle sentait la présence autour de moi d'une jeune femme qui était décédée récemment. Je lui ai dit que c'était une amie à moi et qu'elle n'avait pas encore été mise en terre. Cela a semblé la surprendre. Elle a continué en disant quelque chose au sujet d'un ange sur une pierre… j'ai eu beau chercher, je ne voyais pas de rapport. La femme a suggéré que mon amie voulait peut-être avoir un ange sur sa pierre tombale… J'ai cependant repoussé cette idée, car elle ne correspondait pas aux goûts de Clare en la matière.

Quand je suis arrivée à la maison, le déclic s'est fait dans mon esprit! Il ne s'agissait pas d'un «ange sur une pierre», mais d'un ange *dans* une pierre. Je me suis rappelé qu'au moment où Clare était admise pour la première fois à l'hôpital, je lui avais apporté un petit cadeau :

une petite pierre de verre dans laquelle se trouvait la représentation d'un ange. Elle m'a demandé à quoi cela servait. Je lui ai répondu qu'elle devait le tenir dans sa main et demander à ses anges de veiller sur elle. Elle l'a acceptée ; je n'étais pas convaincue qu'elle l'utiliserait, mais cela me faisait plaisir à présent de savoir qu'elle y pensait. J'ai raconté à Joan l'histoire de « l'ange dans la pierre ». Elle m'a promis qu'elle le chercherait dans les affaires de Clare.

La veille de ses funérailles, Joan, Maggie et moi sommes allées revoir Clare au salon funéraire pour lui dire une dernière fois adieu et nous assurer qu'elle serait en beauté pour le grand jour. Joan a déposé dans son cercueil quelques photographies et souvenirs qui lui étaient chers. Elle m'a ensuite surprise en me montrant la pierre qui contenait un ange et en me demandant de la déposer près de Clare. Tandis que je m'exécutais, Joan a ajouté :

— Ce sont deux éclairs au chocolat que tu devrais placer dans son cercueil.

C'était aussi mon avis.

Finalement, Joan et moi lui avons fait une beauté. Joan a coiffé ses courts cheveux pendant que je lui mettais du vernis à ongles, car nous voulions que son apparence soit celle qu'elle aurait voulu avoir, étant donné qu'elle était plutôt du genre perfectionniste pour ce qui est du maquillage et des ongles.

Au cours de la soirée après les funérailles, Joan a suggéré que nous devrions aller toutes les trois prendre un repas ensemble avant son départ pour l'Irlande. Joan a trouvé étrange ma suggestion d'aller chez Sophia's, un restaurant italien relativement nouveau. Apparemment, c'était l'un des endroits préférés de Clare.

Une fois arrivées sur place, on nous a conduites à notre table où nous avons toutes remarqué la chaise vide à nos côtés. Joan et Maggie ont regardé la chaise, puis se sont tournées vers moi comme si elles attendaient que je les réconforte.

— Ne vous en faites pas, leur ai-je dit. Clare est ici avec nous. Elle n'aurait pas manqué une occasion de venir ici pour rien au monde.

Cette pensée nous a fait sourire, mais nous voir toutes les trois assises autour de la table aux côtés d'une chaise vide était néanmoins un triste spectacle.

Environ une semaine plus tard, j'étais censée présider un service à la Psychic Truth Society de Liverpool. À mon arrivée, j'ai été accueillie par la gardienne des lieux, une dame charmante nommée Connie, qui m'a dit qu'elle avait préparé ma loge pour moi. Elle a également tenu à préciser qu'elle avait ajouté quelques gâteries dans le frigo. Ce que j'y ai trouvé ne m'a pas du tout étonnée. Connie avait sûrement été inspirée par l'esprit de Clare, car dans le frigo se trouvaient deux éclairs au chocolat. Ce n'était pas une coïncidence. Les coïncidences, ça n'existe pas. J'en ai parlé dans mon discours ce soir-là…

Presque un an après l'anniversaire du décès de Clare, une véritable occasion de « croire » s'est présentée au cours de laquelle l'esprit de Clare a joué un rôle. Cela s'est passé quand ma fille, qui était enceinte de plusieurs mois de son deuxième enfant, a emménagé dans l'ancienne maison de Clare.

Le jour du déménagement, je suis allée lui donner un coup de main. Pendant que nous attendions l'arrivée du camion, j'ai suggéré de mettre un peu d'ordre dans le jardin, car la maison était restée inhabitée pendant un moment et les mauvaises herbes avaient eu le temps de se répandre. Armée d'une truelle, je me suis agenouillée pour enlever les mauvaises herbes qui avaient poussé, comme je pouvais le voir, entre les dalles autour de la porte d'entrée. J'ai failli pousser un cri tellement j'étais émue et charmée par ce que je venais de découvrir. Ce n'était pas des mauvaises herbes qui poussaient devant la porte de Clare. C'était du trèfle! C'était «le trèfle de Clare». Ma fille est demeurée perplexe pendant un moment. Elle se demandait pourquoi je criais avec une mauvaise herbe dans la main et des larmes plein les yeux : «Regarde! Regarde!»

Je lui ai alors raconté la conversation que nous avions eue au sujet de ce trèfle. Je suis si reconnaissante d'avoir une fille qui comprenne la vie étrange et merveilleuse que je mène. Nous étions toutes les deux touchées par ce que nous venions de découvrir. Nous avions sous les yeux quelque chose de vraiment très spécial.

J'ai ensuite pensé à téléphoner à Joan pour lui dire ce qui nous était arrivé. Je savais qu'elle voudrait les voir de ses propres yeux, alors j'en ai ramassé quelques-uns que j'ai ensuite aplatis pour en faire des signets. Une journée ou deux plus tard, je les ai postés accompagnés d'une note qui disait : «Le trèfle de Clare».

Le trèfle a continué à pousser. Nous l'avons laissé croître en liberté, à l'image de l'esprit de Clare. Nous lui permettons de devenir pour nous tous un charmant rappel de la foi authentique.

Cela m'inspire un profond sentiment d'humilité, sachant que les êtres chers de Clare savent qu'elle est encore capable de communiquer avec eux de façon subtile et profonde. Et elle continuera à le faire, au moment et à l'endroit de son choix.

Il m'est souvent arrivé depuis de sentir la présence de Clare, mais jamais comme en Irlande. Là-bas, elle «marche» souvent aux côtés de sa sœur jumelle et moi comme par le passé. Pour nous faire comprendre que tout va bien.

Un héros des Falklands – une histoire de soldat

Il y a environ 18 mois, alors que je m'apprêtais à conclure un service à l'église spiritualiste de Telford, j'ai aperçu l'esprit d'un jeune soldat se tenant derrière un couple d'âge moyen assis dans la première rangée. Je pouvais voir à son uniforme qu'il était décédé lors d'un conflit récent. J'ai demandé au couple si je pouvais leur parler, car il y avait un soldat qui souhaitait communiquer avec eux. J'ai remarqué que l'homme s'était mis à s'agiter sur sa chaise, quelque peu mal à l'aise, comme s'il se préparait de son mieux à recevoir son message.

— J'ai ici avec moi un soldat nommé Jimmy, qui est mort au combat et qui me parle de Northampton.

L'homme a toussé et s'est éclairci la voix nerveusement, puis a répondu :

— C'est mon ami et mon camarade. J'étais avec lui quand il a été tué dans les Falklands. Il venait de Northampton.

Je voyais qu'il avait les larmes aux yeux. La dame à ses côtés lui a pris la main.

— Jimmy a des galons sur le bras et il me montre une chevalière. Je crois qu'il était censé se marier. Est-ce exact ?

— Oui, m'a répondu l'homme en pâlissant.

Je me sentais totalement absorbée par l'esprit de Jimmy.

— Jimmy dit que vous êtes encore en contact avec sa famille. Je crois que vous avez reçu des nouvelles d'eux cette semaine.

Je pouvais entendre Jimmy me parler d'une voix forte et claire. C'était une communication très puissante.

— C'est exact, m'a-t-il répondu. J'ai reçu une lettre de ses parents m'informant que sa sœur était décédée récemment.

— Vous savez qu'ils sont réunis, n'est-ce pas ? Jimmy me dit qu'il est venu l'accueillir et l'aider à passer dans l'Au-delà. Jimmy cherche désespérément à transmettre un message à ses parents, mais il me dit qu'ils ne croient pas à la vie après la mort.

— C'est vrai, ils n'y croient pas.

— Mais vous devez leur dire qu'il va bien et qu'ils vont bientôt assister à une grande parade. Et il sait que sa mère est déterminée à y aller, et que vous serez là, vous aussi.

— En effet. L'année prochaine, nous célébrons le 25e anniversaire du conflit des Falklands et une grande parade aura lieu à Londres pour commémorer l'événement. Ses parents ont prévu d'y aller et sa mère est déterminée à être présente malgré le fait qu'elle se déplace en chaise roulante.

— Jimmy veut que vous sachiez qu'il va marcher à vos côtés ce jour-là.

L'esprit de Jimmy avait charmé et touché tous les membres de la congrégation. Tout le monde avait les yeux pleins d'eau. Mais juste avant qu'il ne parte, je me suis rendu compte que non seulement mes pensées, mais également mes actions joueraient un rôle dans la finale orchestrée par l'esprit de Jimmy.

— Avant de partir, il m'a dit de vous saluer non pas comme on salue d'ordinaire, mais de cette façon-ci, ai-je dit en faisant un petit salut comique en me tortillant les doigts au milieu du front.

— On l'aurait traîné en cour martiale si on l'avait surpris à saluer de la sorte ! s'est exclamé son camarade. Mais c'est la dernière chose qu'il a faite avant d'être tué.

Et il a souri à travers ses larmes. Cette finale a brisé le silence qui régnait dans la salle, et tout le monde a repris son souffle et s'est mis à applaudir.

Il semble que la présence de Jimmy m'a accompagnée durant le reste de la soirée, car j'ai eu l'impression qu'il était encore tout près tandis que je rentrais chez moi en voiture. J'ai pensé qu'il serait intéressant d'en apprendre davantage sur ce héros des Farklands, car ce conflit n'avait fait que 256 victimes du côté britannique, et je pensais qu'il ne serait pas trop difficile de retrouver ce soldat originaire de la région de Northampton nommé Jimmy. Je n'oublierai jamais Jimmy et la force de son message. Je raconte d'ailleurs souvent son histoire aux gens.

Un jour, alors que je venais justement de parler de lui, une amie à moi, qui aimait à l'occasion parier de petites sommes sur des chevaux, m'a demandé si je ne pouvais pas lui donner un bon tuyau. Je me suis laissé convaincre et tandis qu'elle me tendait le journal, un nom a retenu mon attention. On avait appelé le cheval « A Soldier's Tale » [Une histoire de soldat]. Ce cheval portait clairement la marque de Jimmy et sa cote était également intéressante : 14 contre 1. Mon amie a paru surprise lorsqu'elle a pris conscience de cette coïncidence. Je lui ai dit d'avoir confiance. La surprise a été encore plus grande quand le cheval a gagné ! J'étais aussi emballée qu'elle, même si je n'avais rien parié. Cela me confirmait que l'Esprit manifeste sa présence par le biais de coïncidences étranges pour donner aux gens la vraie foi, qui consiste à croire à l'invisible.

Une autre coïncidence étrange est survenue le lendemain alors que je lisais les journaux du dimanche. La manchette de la section des sports était intitulée : « Une histoire de soldat : un véritable héros ». Un article était consacré à notre cheval. Son jockey lui avait rendu un hommage émouvant, en disant que ce cheval était littéralement « revenu d'entre les morts » et qu'il avait failli à deux reprises être euthanasié. Mais c'était un battant, tenace et courageux malgré les fractures, les coliques, les opérations chirurgicales qu'il avait subies et les parties d'estomac qu'on avait dû lui enlever. On disait de lui que c'était un véritable héros. Je suis convaincue que l'esprit de Jimmy m'a influencée au moment de choisir un cheval. Il correspondait tellement bien à la mémoire de Jimmy. Et que l'esprit de Jimmy se soit trouvé sur le dos de ce cheval pendant la course, cela ne me surprendrait pas !

J'ai choisi d'inclure son histoire dans ce livre pour l'aider à faire passer son message à sa famille bien-aimée, car en sacrifiant sa vie pour ses amis, ses camarades et son pays, il nous a donné la plus grande preuve d'amour qui soit.

Sois béni, Jimmy.

Croyances

Voici quelques-unes de mes croyances philosophiques personnelles. J'ai acquis certaines d'entre elles au cours de mes propres activités, d'autres en vivant ma vie dans la conscience de l'Esprit. Ce texte s'est imposé à moi tard un soir alors que je croyais entreprendre un chapitre sur mes croyances. Au lieu de quoi, j'ai « reçu » cette prière, que j'aimerais à présent partager avec vous :

Je crois en un DIEU tout-puissant. Une force,
un esprit, une énergie d'AMOUR,
de LUMIÈRE et de COMPASSION infinis.
Dieu est AMOUR.
La lumière l'emporte toujours sur les ténèbres.
Dieu est LUMIÈRE.
La lumière l'emporte toujours sur les ténèbres.
Dieu est ESPRIT.
Son esprit est présent dans TOUS les êtres vivants.
La puissance de son esprit transcende l'UNIVERS.
Avoir la FOI, c'est croire en « l'invisible ». Il n'y a pas

de coïncidence. Ce sont de petits miracles de Dieu.

Je crois aux MIRACLES.

Rien n'est au-delà du pouvoir de Dieu.

Les RELIGIONS sont conçues par des hommes
pour des hommes,

chacune nous disant qu'elle est la véritable voie,

mais il n'y pas de véritable voie si ce n'est
la voie de l'AMOUR.

Quelque chose nous unit tous, et cette chose, c'est
l'AMOUR.

Toutes les religions mènent au DIEU UNIQUE.

Nous pouvons découvrir en nous-mêmes la voie
qui nous mènera à Dieu,

en scrutant cet « ESPRIT INTÉRIEUR », qui nous relie
à l'Esprit suprême de Dieu.

Nous sommes tous des éclats de Dieu.

Chaque seconde de notre vie est déjà TRACÉE.

Tout arrive au moment OPPORTUN et
pour une RAISON DIVINE.

Dieu détient le plan de notre vie.

Nous pouvons tous être un « CANAL » pour sa PAIX.

Ces canaux nous apportent RÉCONFORT et ESPOIR.

L'espoir est ce qu'il nous faut pour survivre
à notre PARCOURS de vie.

Nous sommes tous des voyageurs avides de DÉCOUVERTES.

Notre âme a été envoyée sur Terre pour APPRENDRE.

Chaque âme a une mission.

La vie est une épreuve d'endurance.

La vie nous enseigne de nombreuses LEÇONS.

Notre FARDEAU s'avère être une BÉNÉDICTION de Dieu.

L'important, ce n'est pas ce que nous apprenons, mais la façon
dont nous l'apprenons.
Ce qui compte vraiment, ce n'est pas le nombre
de nos problèmes,
mais la façon dont nous les gérons.
Il n'y a pas toujours de solutions simples à nos problèmes,
mais quand nous
sommes vaincus il faut savoir nous abandonner
au pouvoir de la
parole et des œuvres de Dieu : c'est alors que nous devenons
une « ÂME ÉCLAIRÉE ».
Ne vous faites pas de soucis, les soucis n'arrangent rien.
L'une des plus pénibles leçons a trait à la PERTE.
C'est dans la PERTE que nous ressentons
LE PLUS GRAND AMOUR.
C'est alors que nous sommes le plus près de DIEU.
Nous sommes le plus près de DIEU dans nos moments de
DÉSESPOIR les plus profonds.
Car cette PERTE signifie que nous avons
ACQUIS quelque chose.
Le pouvoir de la PRIÈRE est une chose merveilleuse.
La prière nous permet de formuler nos demandes,
la MÉDITATION d'obtenir des réponses.
Toutes les prières reçoivent une réponse, mais pas
toujours de notre vivant.
Car Dieu détient la RÉPONSE.
Il y a des choses que nous devons savoir et des choses
dont il vaut mieux ne pas parler.
C'est lorsque nous sommes sur le point de succomber
qu'on nous montre

toute la grandeur DU POUVOIR de Dieu.
Je crois au Ciel, au monde de l'ESPRIT
et aux GUIDES spirituels.
Nous ne sommes jamais « seuls ».
Il existe une hiérarchie spirituelle des plans auxquels
nous aspirons
en fonction du développement de notre âme.
Je crois aux ANGES, aux guides spirituels,
aux âmes hautement évoluées
et aux ROYAUMES ANGÉLIQUES.
Nous ne sommes jamais PERDUS au point
où nos anges ne peuvent nous retrouver.
La VIE est le DON suprême.
Les enfants sont envoyés et souvent prêtés.
Les ENFANTS sont envoyés ici-bas pour partager
et toucher notre parcours de vie.
La COMMUNICATION avec l'Esprit est aussi un DON.
Certains dons doivent être DÉCOUVERTS et CULTIVÉS.
La « MORT » n'existe pas.
La mort est un changement d'ÉTAT.
HEUREUX ceux qui PLEURENT.
Nos êtres chers peuvent communiquer avec nous à partir des
ROYAUMES de l'Esprit.
Je crois à la vie ÉTERNELLE, à l'immortalité de l'âme
et à la RÉINCARNATION.
Je crois aux forces « KARMIQUES ».
Je crois que nous sommes RÉCOMPENSÉS
pour nos bonnes actions
et PUNIS pour nos mauvaises en cette vie et dans l'Au-delà.
Je crois à la VIE ÉTERNELLE.

Mais c'est le POUVOIR DE L'AMOUR DE DIEU
QUI L'IMPORTE SUR TOUT.

Je tiens à remercier Dieu, mes guides spirituels et mes assistants pour ces paroles inspirantes.

Postface

Que Dieu bénisse toutes les merveilleuses personnes que j'ai rencontrées et qui m'ont fait l'honneur de croiser ma route des deux côtés de la vie, ces gens magnifiques qui sont ici-bas et ces âmes merveilleuses dans le monde de l'Esprit, tous ces êtres de «lumière» que j'ai eu la chance de connaître et d'aider à communiquer leurs messages d'amour et d'espoir, et tous ces esprits qui m'ont aidée à encourager et à provoquer un changement chez ceux qui pensaient que tout était perdu.

J'ai la chance chaque jour de pouvoir aider les gens à guérir et à recommencer à vivre en sachant que notre relation avec nos êtres chers se poursuit, même si leur corps physique a disparu. Les bonnes pensées que nous avons pour eux les rejoignent jusque dans l'autre monde et permettent à l'Esprit de transmettre et de communiquer cet amour, car celui-ci n'a pas de fin. J'ai la chance de pouvoir apprendre aux gens qu'avec chaque jour qui passe, nous nous rapprochons de nos êtres chers qui, je le sais, seront là pour nous accueillir dans le royaume de Dieu.

J'espère que ce livre sera le premier d'une longue série et qu'il deviendra un legs pour les générations futures et tous ceux qui s'interrogent sur le «sens de la vie» et qui veulent découvrir la sagesse infinie liée à la révélation que la vie ne s'arrête pas avec la mort. L'énergie, l'amour, l'esprit de Dieu, son pouvoir s'infiltrent partout dans l'univers. C'est uniquement lorsque nous succombons à la puissance de l'amour de Dieu, à ses œuvres et à son contact — soit à l'esprit qui vit en chacun de nous — que nous pouvons embrasser le pouvoir de Dieu et travailler avec celui-ci. Et armés de ce savoir, nous pouvons contribuer à changer le monde pour le mieux, car tout est possible avec l'amour de Dieu.

Je me demande souvent qui je suis. Je suis différentes choses pour différentes personnes. Vous pouvez dire que je suis une médium psychique ou autre chose selon la façon dont vous comprenez mon don. Je suis une femme de Dieu qui vit dans un monde matériel qui se mélange à un monde spirituel prodigieux, un monde qui ne cesse jamais de m'émerveiller. Je suis une femme comme les autres, qui est à la fois un canal et un instrument, dont la vie a été enrichie par la découverte de l'Au-delà grâce au don de la communication qui m'a été donné à la naissance. Ce don devait être découvert, puis développé à travers les leçons que la vie m'a enseignées et les expériences que j'ai vécues. Car tel était mon destin.

Les moments de désespoir que j'ai connus au cours de ma vie m'ont inspiré un profond sentiment d'humilité, mais cette vie a aussi été touchée par la grâce de Dieu, ses anges et ses œuvres merveilleuses. Je m'arrête souvent pour me demander : «Mon Dieu, pourquoi moi?» Parce que je suis son témoin.

Je me rends compte à présent à quel point je suis une «âme éclairée», et comme j'ai grandi sur le plan spirituel au cours de cette vie. Mais je n'ai jamais douté un seul instant, malgré les épreuves de la vie, que j'avais été bénie. Mieux encore, j'ai aujourd'hui la chance de partager ce savoir avec vous.

Je ne suis qu'une femme, un esprit infini qui a vécu ses propres histoires de foi et d'espoir, dont la mission de vie consiste à annoncer au monde entier la grandeur du pouvoir de Dieu. J'ai compris que les âmes et les esprits de lumière que j'étais destinée à rencontrer sont de véritables anges, des messagers qui ont transmis un message d'espoir non seulement à leurs êtres chers mais à nous tous. Et à ce titre, ce sont vraiment «les anges d'Angela».

« *Marchez avec un cœur rempli d'espoir
et vous ne serez jamais seul.* »

ADA
éditions

POUR OBTENIR UNE COPIE DE NOTRE CATALOGUE :

Éditions AdA Inc.
1385, boul. Lionel-Boulet,
Varennes, Québec, J3X 1P7
Téléphone : (450) 929-0296
Télécopieur : (450) 929-0220
info@ada-inc.com
www.ada-inc.com

Pour l'Europe :
France : D.G. Diffusion Tél.: 05.61.00.09.99
Belgique : D.G. Diffusion Tél.: 05.61.00.09.99
Suisse : Transat Tél.: 23.42.77.40

VENEZ NOUS VISITER

facebook.
WWW.FACEBOOK.COM (GROUPE ÉDITIONS ADA)

twitter
WWW.TWITTER.COM/EDITIONSADA